バウエル

＝

英語で「腸」のことです

バウエルダイエット

＝

腸を温め整えれば、
美しく健康に痩せられます

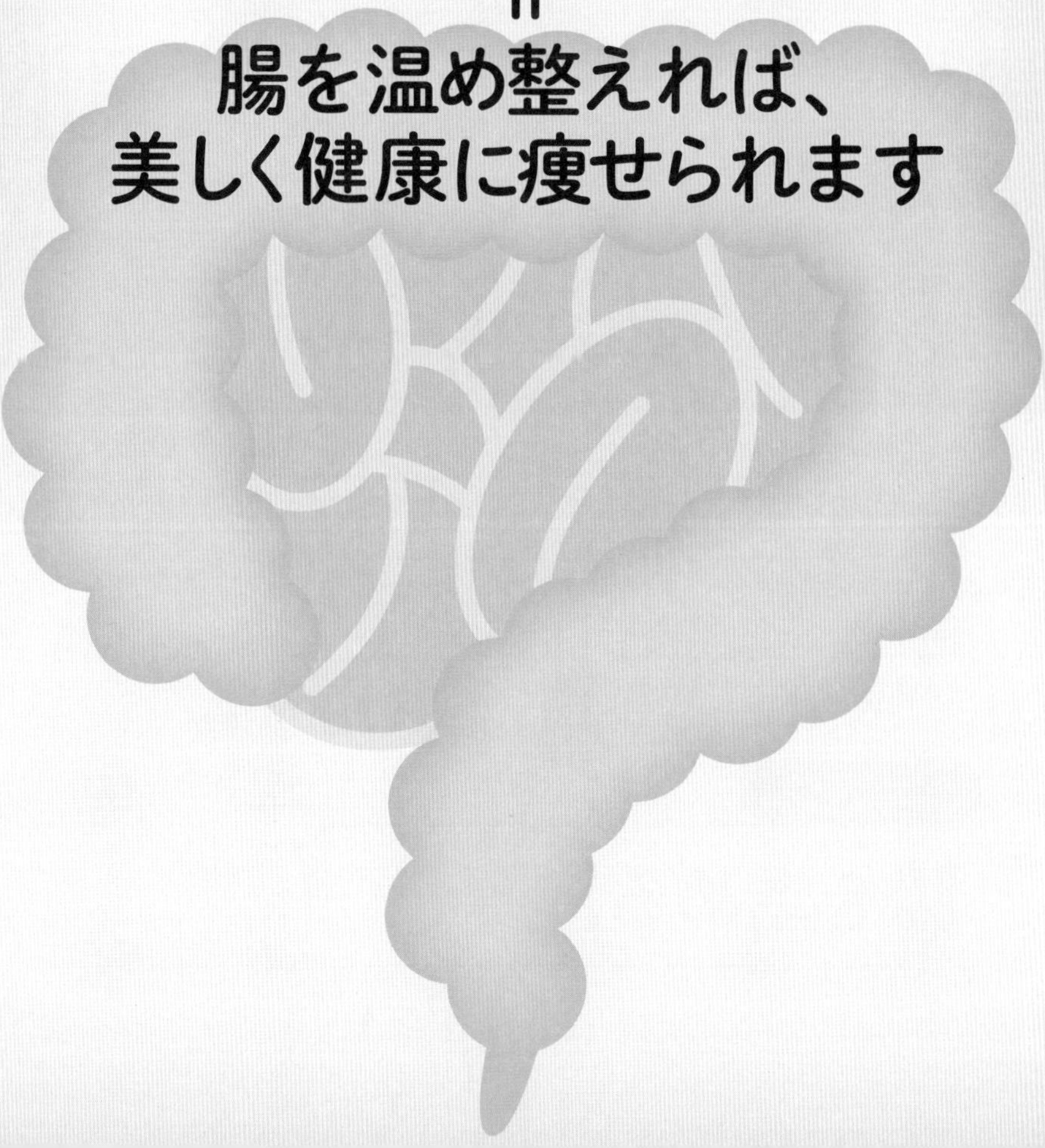

腸が冷えている!

快適な室内でのデスクワークが多く運動不足、間違った食生活を続ける現代人の腸は、１年中冷えています。冷えは万病のもと！　さまざまなからだの不調は、腸の冷えが原因となっているのかも……。

↓解決法

腸を温める!

腸冷え生活✓check!

「冷え性」には、「手足が冷たい」「冷房が苦手」などの自覚症状がないまま、おもに内臓、とくに腸の冷えが進んでいる「かくれ冷え性」があります。まずは腸冷え生活をしていないかチェック！

- □１日２リットル近い水分を摂るようにしている
- □冷たい飲み物が好きで、お酒はビールやカクテルが好き
- □糖質制限ダイエット中
- □陽性食品・陰性食品の意味を知らない

- □体温は低いほう（35℃台）

- □夏はエアコンの効いた部屋ですごすことが多い
- □からだを締めつける下着を愛用し、比較的薄着
- □シャワーだけで湯船にはほとんど浸からない
- □運動はとくにしていない、または苦手

- □便秘がち、または便通が乱れやすい
- □おなかを触ると冷たい
- □頻尿、あるいは小尿

- □手足がほてって眠れない
- □疲れやすい、だるい

↓解決法

バウエルダイエットを実践!!

腸を温める食生活

食品にはからだを温める「陽性食品」、冷やす「陰性食品」があります。（→46p）意識して「陽性食品」を摂り、冷たいものの飲みすぎに注意しましょう。朝だけ、週末だけのプチ断食もおすすめ。

熱中症対策や美容のためにたくさん水分を摂りましょうという風潮から、1日2リットルを目安にする人も。それでは水分過多で、腸を冷やします。のどがかわいたら温かい飲みものを少しずつ摂りましょう。（→28p）

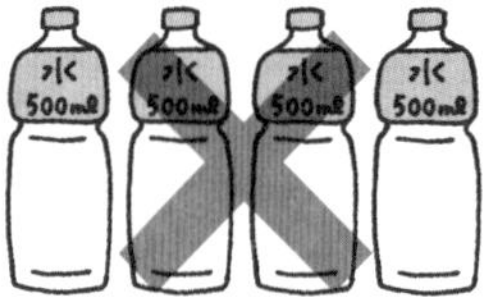

「陽性食品」の多い和食中心の食事がおすすめです。（→52p）
×ダイエットに向いているとされる「葉もののサラダ」や「グリーンスムージー」はからだを冷やします。

腸を休ませるためには、朝だけ、週末だけのプチ断食がおすすめ。何も食べないのがつらいようなら、「にんじんりんごジュース」だけ飲むのもOK。（→98p）

にんじんりんごジュースとしょうが紅茶は、腸を温める二大レシピ。簡単に手づくりできるので、まずはここから試してみるのもいいかもしれません。（→58、63p）

「かくれ冷え性」から脱出

「かくれ冷え性」を自覚したら、日常生活を見直してみましょう。薄着やからだを締めつけるのはNG。「腹巻き」は冷え性に欠かせないアイテムです。おなかのマッサージやカイロを使うのも効果的。

暑がりだと言っている人のなかには、意外にもおなかが冷えている人が多くいます。1日24時間、1年中「腹巻き」で外から腸をしっかり温めましょう。（→74p）

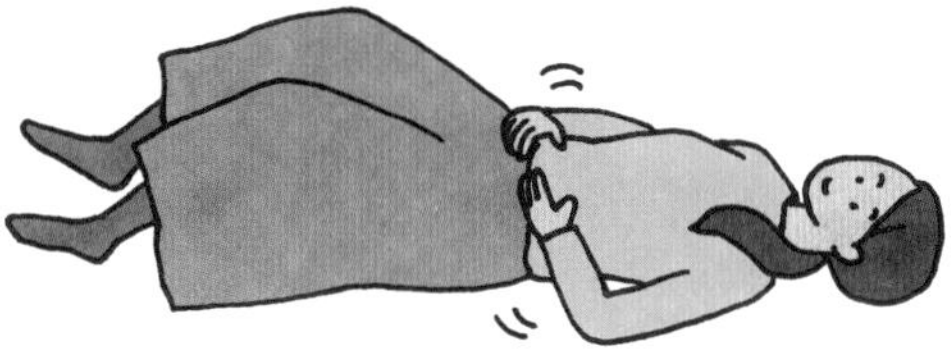

腸をマッサージしたり、おなかのツボを押したりして内臓機能を整えましょう。おなかに「カイロ」を貼っておくのも効果があります。（→ 76p）

「暑がりだから」「面倒だから」とシャワーだけですませてしまう人がいますが、それではからだの芯（腸）まで温めることはできません。温め効果大の「3・3・3入浴法」も紹介しています。（→ 90p）

ちょこっとエクササイズのすすめ

運動不足の人には、日常生活のなかでいつでもどこでも簡単にできる運動をご提案。冷えが解消され、代謝アップで痩せやすいからだになります。

エクササイズのおすすめ No.1 は「スクワット」。場所を取らず、道具もいらず、すぐにできます。徐々に回数を増やし、習慣にしていきましょう。(→ 110p)

運動を続けるコツは、生活習慣とセットにすること。運動が苦手な人やまとまった時間がとれない人でも通勤・通学やテレビを見ている時間、食事の用意やお風呂に入る前など、ちょっとした時間に少しずつはじめましょう。(→ 104p)

腸を温めると得られる健康・美容効果

腸を温めると「血流」がよくなります。また消化吸収がよくなることで「筋肉量」が増え、「体温」「基礎代謝量」がアップ。それにともないさまざまな健康・美容効果を得ることができます。

❶免疫力がアップし、病気にかかりにくいからだになる

❷筋力がアップし、動けるからだになる

❸肥満を解消し、痩せやすいからだになる

❹腸といっしょに子宮や卵巣が温められ、女性の不調にも有効

❺お通じが正常になり、肌荒れ解消も

腸は健康を左右する大切な臓器

近年、腸の研究が急速に進み、腸が全身で重要な働きをしていることが次々と明らかになってきました。「腸内フローラ」（→ 34 p）を整え、腸を温める生活で、心身を健康で美しく保ちましょう。

腸内フローラが整い、腸が健康なら

↓

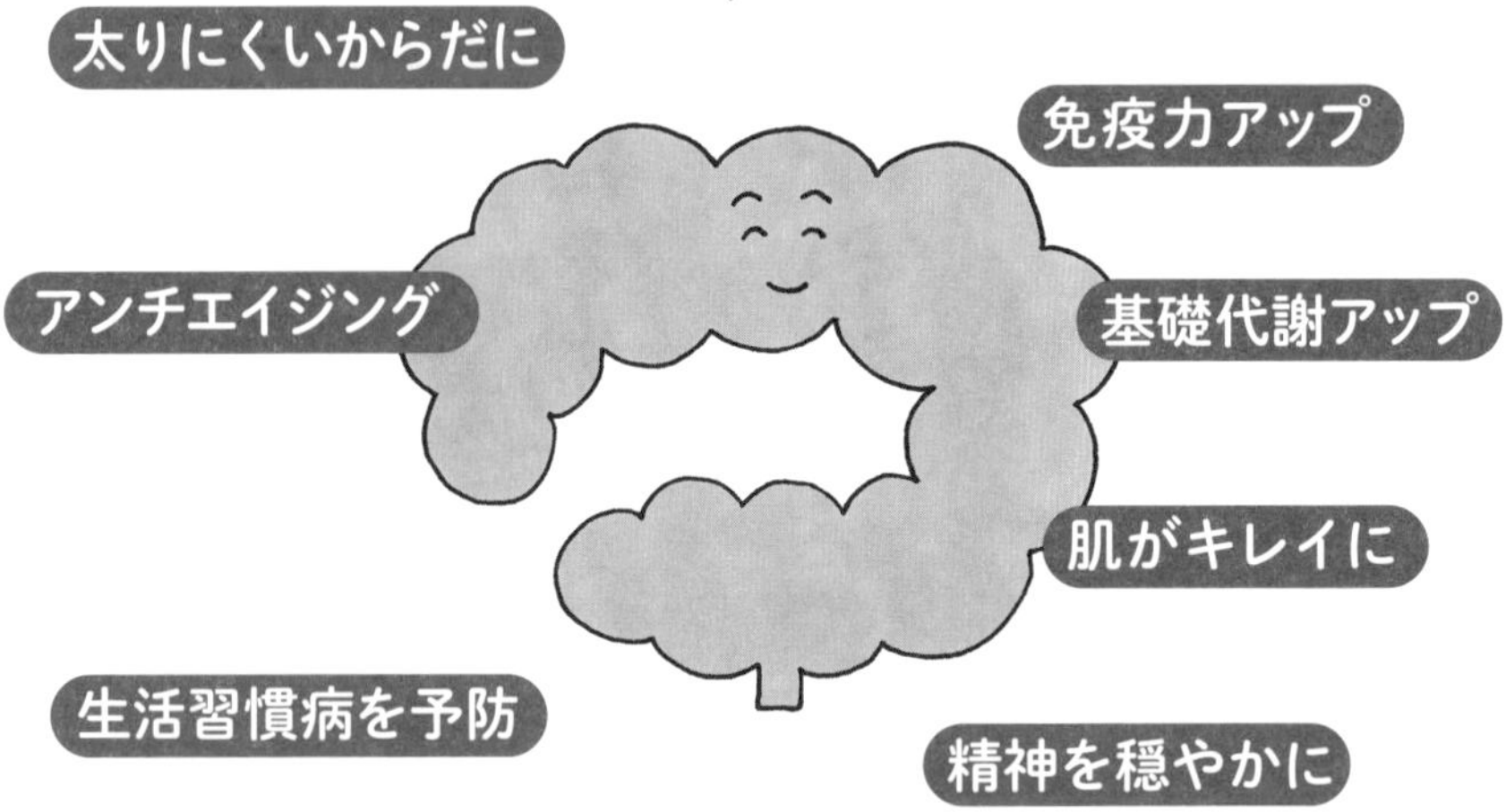

はじめに

『バウエルダイエット』――少々耳慣れない言葉かもしれません。「バウエル（bowel）」は「腸」のこと。本書では、東洋医学でからだの真ん中とされる「おなか（おもに腸）」を内から外から温め、心身ともに健康で引き締まったからだづくりの方法をご紹介します。

近年、腸の研究が飛躍的に進み、多くの方が、腸が単なる消化器官ではなく、脳や心、免疫などにも大きな影響を与える健康の要であることを知っています。

新型コロナウイルスで世界は大きく変わり、私たち一人ひとりの生活も一変。改めて健康であることの大切さを強く認識したのではないでしょうか。運動不足やストレスから「コロナ太り」に悩む人も増えました。

自分のからだは自分でコントロールする。腸からからだを温める生活は、ダイエットへの近道であるとともに、病気や感染症などからからだを守り、真の健康を手に入れる道でもあるのです。

2021年3月

石原新菜

バウエルダイエット

目次

序章 なぜ今、バウエルダイエット?

第1章 ポカポカ腸をつくる食べもの飲みもの

第2章 ポカポカ腸をつくる生活習慣！

第3章 ポカポカ腸をつくるながらエクササイズ

付録 陽性食品レシピ

装丁・本文デザイン　石川直美（カメガイ デザイン オフィス）
イラスト　平のゆきこ
カバー・表紙写真　Re_sky/shutterstock.com
DTP　美創
協力　池田美恵子　井手晃子

序章

なぜ今、バウエルダイエット?

●腸を温めるのは最強のダイエット法

- 体温が1度上がれば
1日180キロカロリー
多く消費できる！
- 気にすべきは
摂取カロリーよりも冷え
- 腸の冷えが代謝を落とし、
ダイエット失敗の大きな要因に

基礎代謝量アップを目指すのがベスト

何もしないで横になっている状態でも消費される必要最低限のエネルギー代謝量を「基礎代謝量」と言います。

たとえば、体温が1度下がると基礎代謝量は約13〜15パーセント下がり、糖分や脂肪の燃焼効率が落ちます。

つまり、この基礎代謝量の差が、痩せやすさの差になるのです。

ちなみに、免疫力も体温が上がると大幅にアップすると言われています。

何もしないでも
消費されるカロリーが
1日180kcal増！

←

●体温 35℃台：基礎代謝量 1200kcal
●体温 36℃台：基礎代謝量 1380kcal

腸の冷えを解消することがダイエットの近道

漢方では「お腹《なか》」は「お中」と書き、からだの中心と捉えてきました。臓器がたくさんあるおなかには血液もたくさんあります。

腸が消化吸収した栄養素は血液によって全身に運ばれ、腸は血液から栄養をもらっています。つまり、腸の働きがよくなれば血行がよくなり、血行がよくなれば腸の働きもよくなるという関係です。

外と内からおなか（腸）を温めることで、多くの血流が促され、からだ全体の血行もよくなり、代謝もアップするのです。

効率よくダイエットするためには、まず腸を温めることを意識しましょう。

●「かくれ冷え性さん」が増えています！

- ●「暑がり」なのに「冷え性」の人がいる？
- ●かくれ冷え性（内臓冷え、水冷え）を見つけることが大事
- ●まずは自分の冷えを知ることからはじめよう

冷えのタイプにもいろいろある

「1年中寒い」「足先が冷たくてなかなか眠れない」「いつも手が冷たい」など、常日頃から冷えを自覚している人は、自分が冷え性だと判断できます。

でも「手足がほてって眠れない」「暑いから毎日シャワーだけ」などと、一見冷えとは関係ないような人のなかにも冷え性の人がいるのです。なかには「暑がりだからへっちゃら」と、薄着のまま涼しい部屋のなかで冷たい飲みものをがぶがぶ飲んでいる「かくれ冷え性さん」もいます。

油断は禁物。自分は「冷え性」ではないと思っている人も、おなかに手を当ててみてください。冷たくなっていませんか？

次ページであなたの「冷えタイプ」をチェック！

あなたは大丈夫？ 自分の「冷え」をチェック

冷えには、自分自身が冷え性であることを自覚しやすい「全身が冷えるタイプ」、指先やつま先などの「末端が冷えるタイプ」のほかに、見かけの体温にだまされている「下半身が冷えるタイプ」、冷えているのかどうかわかりにくい「内臓が冷えるタイプ」、「水冷えタイプ」、そして「ストレスによって冷えるタイプ」があります。

　まずは、次ページからのチェックリストを使い、自分が冷えていないかどうか、そして自分の冷えタイプを知ることからはじめましょう。

あなたの冷えタイプをチェック

全身冷えタイプ

□1年中、寒くて仕方がない
□夜間頻尿で熟睡できない
□体力がなく、疲れやすい
□乾燥肌で、髪の毛はパサパサ
□冷房、冷たい飲みものは苦手
□運動は苦手、続かない

内臓冷えタイプ

□手足がほてって眠れない
□疲れやすく、風邪を引きやすい
□皮膚がかゆい
□冷房、冷たい飲みものが好き
□比較的、いつも薄着
□熱くて湯船には入っていられない

水冷えタイプ

□睡眠時間が5時間以下の日が多い
□たいして動いていないのに大汗をかく
□1日1リットル以上の水分を摂る
□下腹がぽっこりしている
□顔や手足のむくみ、こわばりが強い
□夏でもからだが冷えて、疲れやすい

ストレス冷えタイプ

□疲れているのに眠れない
□デスクワークが多い
□集中力が続かず、イライラ感が強い
□どちらかといえば几帳面で真面目
□息苦しさがあり、息がうまく吐けない
□就寝時間が遅く、朝はぼーっとしている
□口がかわくと、つい冷たい飲みものを飲んでしまう
□肌荒れのほかに、クマが目立つ

下半身冷えタイプ

□下半身は冷えているのに、上半身はほてってしょうがない
□突然、顔や背中から大量の汗が出る
□おなかが張って便秘しがち
□イライラして寝つきが悪い

末端冷えタイプ

□手足が氷のように冷たい
□足先が冷えてなかなか寝つけない
□顔色は青白く、肌荒れがある
□ときどき立ちくらみする
□運動はあまり好きではない
□冷房は苦手

※多くの人が2つか3つのタイプを併せもっているため、1つのタイプに絞り込めないこともあります。

「食べないダイエット」が便秘の原因に

- 食べないとうんちの材料不足
  ↓便秘に
- サラダや冷たい飲みものが
  腸を冷やす
- 食べない↓便秘
  ↓ダイエット失敗の悪循環

がんばっているダイエットがさらなる悪循環を招くことも

「入れないダイエットではなく、出すダイエット」を心がけなければなりません。食べるのを我慢する無理なダイエットを続けていると、慢性的なうんちの材料不足に陥り、便秘を引き起こします。

そして、それが原因で本来のエネルギー代謝が落ちてしまい、太りやすく痩せにくい体質をつくってしまいます。

毎日がんばっているつもりが、残念なことに悪循環を引き起こす原因になっていたのです。

生野菜や冷たい牛乳で おなかがどんどん冷えていく

便秘に悩んでいる多くの人が手っ取り早くなんとかしようと、「食物繊維や水分をたくさん摂ることが大事」というので、生野菜やくだもの、冷えた水や牛乳などを大量に摂っています。

しかし、そのために女性の多くが、おなかを冷やし、腸の動きが鈍くなっています。「おなかが冷えると下痢するのでは？」と思われがちですが、腸の動きが悪くなることで便秘になる人も少なくないのです。

ですから、腸を冷やす生野菜や冷たい飲みものはむしろ避け、腸を温める作用のある食べものや温かい飲みものを摂ることが重要です。

●便秘は「ゴミを吸収している」のと同じ

- 長引く便秘によって腸内に有害物質が発生
- 腸内の有害物質が代謝量、筋肉量を減らす
- 便秘知らずが、健康的な美をもたらす

便秘は腸内に腐敗物をためこんだ状態

便（腐敗物）が腸に長く留まるとどうなるのでしょう。

答えは「腸壁からいらないものが吸収される」。恐いですね。

便秘状態が長引くと、悪玉菌が増えて腸内環境が悪くなり、有害物質（アンモニア、アミン、硫化水素など）が発生、それが血液を通してからだをめぐり、代謝が落ちます。

代謝が落ちると、筋肉が減り、太りやすいからだになってしまうのです。肌荒れも目立ちます。

キレイなおなかからは くさいオナラは出ない？

肌つやがよく、健康的で引き締まった女性は、おなかのなかもキレイ。

実は、キレイなおなかからは、くさいオナラが出ません。腸内で食べものがきちんと消化されずに腐敗して出てくるガスはにおいますが、腸内の善玉菌がつくったガスはほとんどにおわないのです。

ちなみに、漢方医学的には、汗でも涙でも、もちろん尿でも便でもオナラでもどんどん出すことが、からだにいいとされています。とは言え、くさいオナラは困りますね。

早食いや水分の摂りすぎも消化不良、オナラの原因になります。注意しましょう。

●「うんちチェック」で腸の状態を知ろう

- ●うんちの色、におい、形でおなかのなかをセルフチェック
- ●「整腸」だけでは健康的には痩せられない
- ●ついた腹筋は自然のカイロ（腹巻き）

腸内環境は　うんちを見ればわかる

今の腸内環境がどうなっているのかは、便を見ればわかります。昔から「便は健康の便り」とも言われています。

黄土色でバナナのような形のものがいい便で、黒っぽく、においの強い便はよくありません。毎日出ていてもうさぎの糞のようなコロコロ便は、便秘の便です。

お通じがあったら、便器のなかをのぞく習慣をつけ、自分の腸内環境に興味をもちましょう。ひどい便秘の人は「お通じ日記」をつけるのもおすすめ。

便秘のうんち

色…黒っぽく濃い茶色
におい…刺激臭
形…コロコロ、ガチガチ

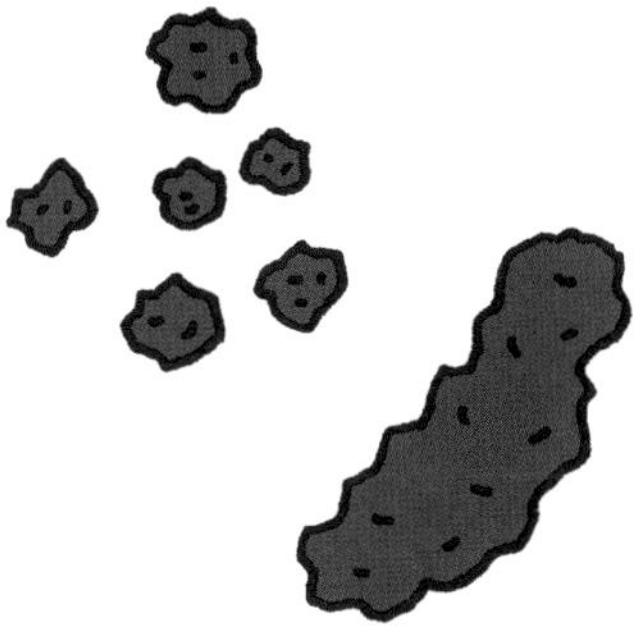

いいうんち

色…きれいな黄土色
におい…それほどにおわない
形…しっかりした太さの
バナナ状

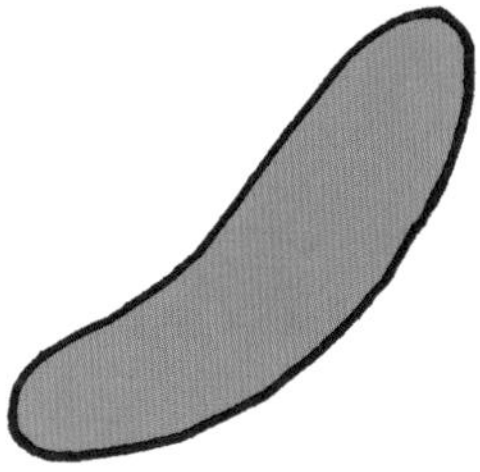

「整腸」だけで満足？
その先のダイエットも見据えて

とは言え、自身の腸内環境を知り、そのときのおなかの調子を整えることができたとしても、それだけでは健康的に痩せることはできません。

基本はおなかの冷えをしっかりとり、きちんと消化吸収できる胃腸をつくること。そうすれば、基礎代謝がアップし、太りにくい筋肉質なからだをつくることができます。

つくり上げたおなかの筋肉、腹筋は自然のカイロ（腹巻き）となります。下腹がぽこっと出ている人のなかには、腹筋が弱く、便を押し出す力が弱まって便秘体質になっている人もいます。

水、飲みすぎじゃないですか？

- 「1日2リットル」は その分出せているのが前提
- 日本人の多くは「水太り」、体調不良は「水毒」かも
- 自分に合った水分量を知り、水を出す習慣づくりを

「1日2リットル」それ、ちょっと待って！

最近は、熱中症予防や美肌ケア、ダイエットなどのためにたくさん水分を摂ることが推奨されている傾向にあります。

確かに、水は人間にとって欠かせません。でも、植物に水を与えすぎると根腐れを起こすように、人間のからだも水分を摂りすぎれば、代謝できない余分な水がたまります。

水にはものを冷やす性質があります。濡れた服をそのまま着ているとからだが冷えてしまいますよね。同じ理屈で、からだのなかにたまった水分をそのままにしていると、から

次ページであなたの
「水毒度」を今すぐチェック！

だが内側からどんどん冷えてしまうのです。

東洋医学では、この水が必要以上にたまって、からだに悪さをする状態を「水毒」と考えます。水毒でおなかに水がたまっている人は、おなかがひんやりしています。肥満も水毒の症状の一つです。

ぽっちゃり女子の多くは「水太り」

水はカロリーゼロだから、いくら飲んでも太らないと思っている人が多くいますが、必要以上にからだに水がたまれば「水太り」します。実は、日本のぽっちゃり女子の多くが水太りなのです。

体重の約6割は水なので、2、3日で体重が増えたような場合、とくに原因は脂肪ではなく、水分過多の場合があります。

あなたの水毒度をチェック

□睡眠時間は5時間以下の日が多い
□起床時の体温は35度台
□デスクワークが多い
□あまり運動をしない
□パンやケーキなど白くてフワフワした食べものが好き
□1日1リットル以上の水を飲む
□汗っかき
□のどがかわきやすい*
□おへその下を触ると冷たい
□尿が出る回数が1日9回以上、または4回以下**
□まぶたがむくみやすい、または二重あご
□舌がぼてっとしていて、歯型がよくつく
□下腹を軽くたたくとポチャポチャと音がする
□夕方になると足がむくむ（靴がきつい、靴下のゴム跡が残る）

✓の合計が4個以下
水毒度は低いけど、油断は禁物
✓の合計が5〜8個
水毒度が高い。これ以上悪化しないように注意しましょう。
✓の合計が9個以上
かなり重症の水毒。生活習慣の見直しが必要！

*水を飲んでも飲んでものどがかわく人は、冷えで血流が悪くなり、水がからだの隅々にいかないだけということもある
**腎臓や膀胱の機能低下で尿を排出しにくくなっていることもあるので注意

筋肉量などにより必要な水分量は違う

同じ水分量を摂っても、いわゆる「水はけ」が悪く、からだにたまりやすい人とたまりにくい人がいます。たまりやすい人は代謝が落ちている、つまり筋肉量の少ない人だと考えられます。

運動不足などで筋肉が衰えると、内臓の血流も悪くなり、排泄を促す腎臓や膀胱の代謝機能も低下します。体内の余分な水分を排出できなければ、冷えやむくみを引き起こします。悪循環ですね。

湿度の高い日本で、食事からも水分を摂れていれば、通常、飲量は１日１リットルでも十分。

人によって、体温や代謝量、筋肉量、運動量が違うので、必要な水分量も違ってきます。冷房の効いた室内で汗をかくこともない、デスクワークが中心で動かない、そのような生活スタイルなら、なおさらです。

水分を摂ることより出すことを意識して

人間のからだは、腎臓が尿をつくる量を調節し、常に適度な水分を維持するようにできています。

これまで意識的に水分をたくさん摂っていた人は、むしろ出すことに意識を向けてみましょう。

飲むのは、のどがかわいたときだけ。それだけで、からだの調子が変わるはずです。

●腸から「免疫力」をアップする

- 免疫力はウイルスや細菌、ガン細胞などからからだを守る力
- 平熱が1度違うと免疫力は約30パーセント違う
- バウエルダイエットには免疫力を高める効果もある

ウイルスなどからからだを守る「免疫力」のアップを目指す！

腸を温めると、ダイエット以外にもいいことがいろいろあります。今もっとも注目すべきなのは、免疫力のアップです。

体内に発生する異常な細胞を取り除き、外から侵入してくるコロナやインフルエンザなどのウイルスや病原菌から自分自身のからだを守るために必要なのが「免疫力」。腸には免疫細胞の約7割が集まっており、体内で最大の「免疫器官」と言われています。

つまり、腸が冷えてその働きが悪くなると、免疫力の低下を招いてしまうということです。

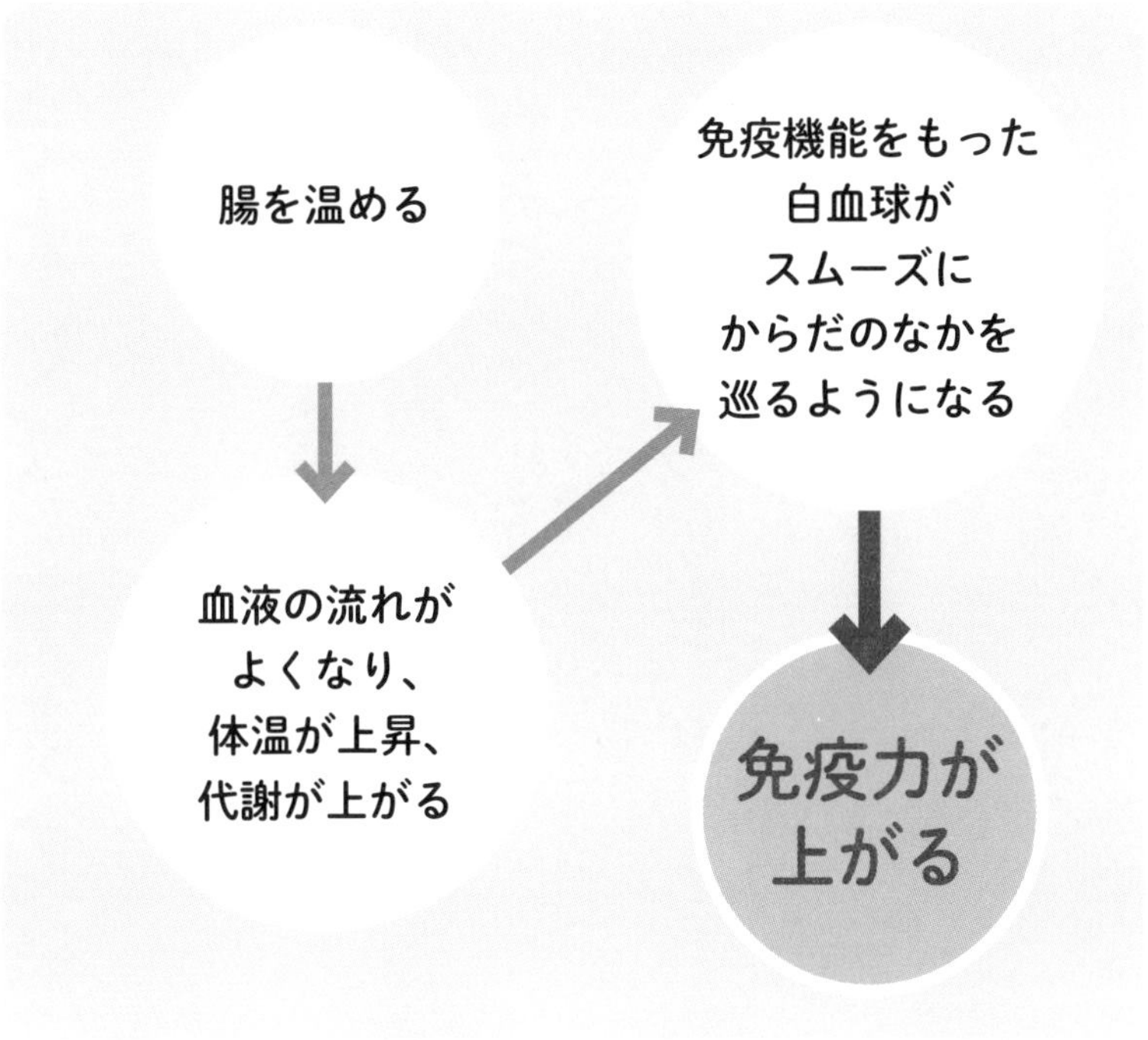

からだを冷やさない生活が免疫力を高める

平熱が1度違うと、免疫力は約30パーセント違うと言われています。

日本人の平均体温は50年前と比べて0・7度近く下がり、平均体温が35度台という女性も増えています。

理想的な体温は36・5〜37度。体温が35度台の人はまずは36度台を、36度台前半なら36度台の後半を目指しましょう。

スポーツジムに通うなど適度な運動を行うことでも体温を上げることは可能ですが、日頃からからだを冷やさないことが重要なのです。

●きれいで、元気な腸にしよう

●細菌（善玉菌や悪玉菌）の多くは腸内（大腸）に棲みついている

●腸内フローラの乱れが免疫機能低下や肥満、さまざまな疾患を引き起こす

●腸から元気を取り戻す

今注目されている「腸内フローラ」とは

腸内（おもに大腸）には、腸の動きを促したり、からだに有用な働きをする「善玉菌（有用菌）」（ビフィズス菌など）、腸内で有害物質をつくったりする「悪玉菌（腐敗菌）」（ウエルシュ菌など）、体調が崩れたときに悪玉菌として働く「日和見菌」など、数千種類、数百兆個以上の「腸内細菌」が存在します。

腸内細菌の総重量はなんと2キロほどもあると言われています。腸内に分散して生息するそのようすは、植物が群生している「お花畑（flora）」のように見えることから「腸内

腸内フローラを整えて健康に！

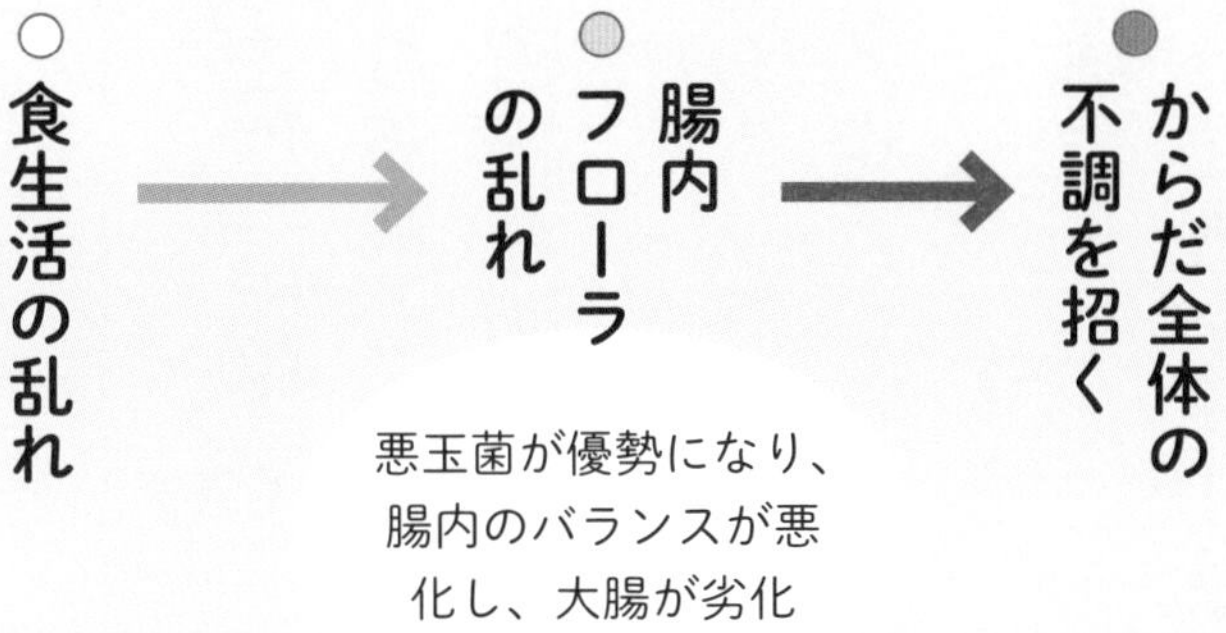

解決策 善玉菌を含むもの、善玉菌のエサとなるものを積極的に摂り、悪玉菌より善玉菌が多い理想の腸内フローラにする

フローラ」と呼ばれ、近年注目されています。

善玉菌を増やす物質がある！ そのエサとなるものを摂ればいい

腸内フローラの乱れは、大腸不調の原因になり、からだ全体にさまざまなトラブルを引き起こします。肥満の原因になっていることも明らかになりました。

大腸が不調になると不足するのが「短鎖脂《たんさし》肪酸《ぼうさん》」です。短鎖脂肪酸には抗炎症作用があり、悪玉菌を抑制し、全身のエネルギー源となって、痩せ体質へ導く役割があります。

短鎖脂肪酸は、「ビフィズス菌」などの腸内細菌によってつくられる有機酸の一種で、そのビフィズス菌などのエサとなるのが「食物繊維」です。腸を温めることも短鎖脂肪酸を増やすのに有効です。

世界が注目する腸のすごい働き

- 腸は「第二の脳」と言われるほど脳と密接な関係にある
- 腸と心の状態はリンクしている
- 腸内環境を整え腸から元気を取り戻す

腸の幅広い働きに世界中の研究者が注目

腸は単に食べ物を消化し栄養素を吸収する器官というだけではなく、免疫力を高めるなどからだ全体で重要な役割を果たしていて、今世界中で急速に研究が進められています。

たとえば総人口の約3割が過敏性腸症候群を発症していると言われるアメリカでは、腸内に棲む微生物の研究が盛んです。この研究には微生物学だけでなく、生理学、免疫学、代謝学などさまざまな分野の専門家が参加しています。そのことからも腸の働きの幅広さがうかがえます。

腸が関連するからだのトラブル

免疫力関連 → コロナやインフルエンザなどの感染症、風邪、花粉症など

代謝関連 → 肥満、冷え、血液ドロドロなど

消化器系関連 → 便秘、下痢、腸炎など

神経・脳関連 → うつ、記憶力や判断力の低下、認知症など

肌関連 → 乾燥、しわなど

腸と脳やメンタル面の密接な関係も明らかに

近年の研究では、腸と脳が密接に関係していることもわかってきました。「腸は第二の脳」という言葉さえあります。

腸の状態が脳に伝わり、腹痛などの症状とともに抑うつや不安などの気持ちの変化を引き起こします。この気持ちの変化が自律神経などから伝わって、さらに腸の機能に影響を与えるという負のスパイラル。また、精神の安定を保つ神経伝達物質「セロトニン」や快楽を与える物質「ドーパミン」の多くは腸内で生成されているということもわかってきました。

認知症やうつ病、自閉症、パーキンソン病などの症状にも腸は深い関わりがあることが明らかになりつつあるのです。

column

知っておきたい漢方薬❶

——冷えが原因でおなかが痛いとき——

東洋（漢方）医学では、からだの不調や病気は体内のバランスが崩れることで起こると考えます。また、体質や年齢、体重、症状などに合わせたオーダーメイドの治療を行います。

漢方薬は薬局で購入することもできますが、専門医に相談して自分のタイプや体調に合ったものを処方してもらうことをおすすめします。

大建中湯（ダイケンチュウトウ）

大建中湯は、冷えが原因でおなかが痛いときや膨満感（おなかが張る）があるときに用いられる漢方薬です。

血流をよくしておなかを温め、胃腸の働きを活発にすることで症状を改善します。

第1章

ポカポカ腸をつくる食べもの飲みもの

●食事をすると代謝量が増える

●食事でからだが熱くなる

●食後は安静にしていても
勝手に代謝量アップ

●栄養素は分解され
「体熱」となって消費される

しっかり噛んで
「食事誘導性熱産生」アップ

食べると、からだが熱くなるように感じたことはありませんか？　それ、実際に熱くなっているのです。

食事によって体内に吸収された栄養素は、分解され、一部が「体熱」となって消費されます。そのため、食後は安静にしていても代謝量が勝手に増えるのです。

この代謝の増加は「食事誘導性熱産生」と言い、1日の代謝量の約1割（栄養素により量は異なり、たんぱく質のみを摂った場合は1日の摂取エネルギーの約30パーセント、糖

食事の後は代謝量が上がる！

質のみの場合は約６パーセント。脂質のみの場合は約４パーセント）を占めます。運動不足などで筋肉が衰えると、基礎代謝が低下するだけでなく、食事誘発性熱産生も低くなるのです。また、食事誘発性熱産生は、よく噛んで食べることで、より高くなると言われています。

見直すべきは食事の摂り方

とは言っても、「いっぱい食べても大丈夫なんだ〜」ということではありません。もちろん、食べすぎはＮＧ。１日のなかでしっかり「空腹の時間＝胃腸が休まる時間」をつくることも大切です。

代謝をアップさせ、冷えを解消し、筋肉量を増やすことができる飲み方・食べ方を具体的に見ていきましょう。

●今の食生活でほんとに大丈夫？

- ●食事改善の第一歩は食べすぎ・飲みすぎの見直し
- ●食べすぎると胃腸に血液が集中し、からだが冷える
- ●食事の量は、数日単位でバランスをとる

食生活の見直しからはじめよう

「食べないダイエットはだめ」とこれまでも説明してきましたが、ここであなたの食生活についてきちんと見直してみましょう。本当に「食べてないのに太っちゃう」でしょうか？

デスクワーク中心だったり、運動不足だったりで、代謝が落ちている現代人は、それほど食べていないようで、実は栄養の摂りすぎになっていることも多いのです。

まずは日常的な食べすぎ状態になっていないか見直すことが必要です。

毎日の食事の基本

昼食は軽めにし、おなかいっぱい食べない

のどがかわいたときに必要な量の水分を摂る

からだにいいものだからと、やみくもに飲み食いしない

夕食は腹6〜8分目を目安とする

朝食は無理に食べなくてもOK
※東洋医学では、朝は排泄の時間帯。食べものを入れず、排泄に集中させるほうがいいとされる

1日3食にこだわらず、おなかがすいていないときは無理に食べない。からだの声に耳を傾ける

食べすぎたら数日単位で調整する

食べると血液が胃腸に集まります。そのため、食べすぎると手足などの末端に血液が行き渡らず、からだを冷やしてしまうのです。

食事の量を1日単位で考えると、多くの場合、1食外食をしただけで食べすぎになってしまいます。家族の記念日に食事会、友人との飲み会、食事しながら仕事の打ち合わせ、おみやげでいただいたお菓子など、「今日は食べすぎちゃったかも」と思い当たる日は意外と多いもの。

そんなときは数日単位、できれば翌日、翌々日で調整しましょう。たとえば、翌日の朝食を抜いたり、昼食を軽くしたりしてバランスをとってください。

●胃腸に負担をかけない食事をしよう

- 毎日の食事で多く摂りがちな偏った食材を見直す
- 肉食過多は内臓にも負担をかける
- 不要な添加物まみれの加工食品をなるべく食べない

糖質制限ダイエットの思わぬ落とし穴

数年前から話題の主食（炭水化物）を極端に抜く糖質制限ダイエットは、逆に肉（たんぱく質）の摂取量が増える傾向にあります。ところが、人間は肉食に適した「歯」をしていません。その分、実は内臓に大きな負担がかかります。

一方、ついつい手を出してしまうのが加工食品。でも加工食品には塩分や糖分、脂質などがたっぷり含まれていて、からだに必要とされるミネラルや食物繊維は多くありません。さらに添加物の面から見ても心配。「内

肉食過多は内臓に負担をかける

消化不良やさまざまな病気にもつながるような胃腸や肝臓、すい臓に負担をかけない食材選びが重要

側からきれいに」を心がけましょう。

優等生食品は
中華でおなじみの「きくらげ」

今注目のイチ押し食品はきくらげです。中華料理でおなじみですが、あまりそれ以外の料理で使われているイメージはないかもしれません。漢字で「木耳」と書き、しいたけやしめじなどと同じきのこの仲間で、天日で干しているのでからだを温める効果があります。

低カロリーで、ほかのきのこ類と比べても非常に食物繊維量が多いので、便秘解消、肥満予防効果があります。

免疫力アップ、骨や歯、血管を丈夫にするビタミンDの量もしいたけの10倍。こりこりした独特の食感で噛み応えがあるので満腹感につながる、いいことずくめの食品です。

からだを冷やさない陽性食品を摂る

- カロリーより気を配りたい食品の「陰」と「陽」
- からだを温める食材を知ろう
- 陽性食品で引き締まった体型づくり

食品にもある陰と陽を見分ける

古代中国には「陰陽」という思想がありました。天と地、山と海、昼と夜、夏と冬というようにすべてのものは、陰と陽が互いにバランスをとるように作用しているという考え方です。陰が悪で、陽が善というのではなく、大切なのはバランスです。

暮らし全般、環境や生活スタイルと同様に食品にも「陰性食品」と「陽性食品」があります。

陰性食品はからだを冷やす食べもの、陽性食品はからだを温める食べものです。

陽性食品と陰性食品のおもな特徴

陰性食品	陽性食品
色が薄い	色が濃い
甘みがある	塩気が強い
水分が多くやわらかい	水分が少なく硬め
原産地は暑い土地	原産地は寒い土地
夏が旬	冬が旬

70ページ参照

冷えをとり、健康的なスレンダーボディを手に入れるには、積極的に陽性食品を摂る必要があります。

人は食べたものと同じかたちになる!?

また、漢方には「相似の理論」というものがあります。たとえば「人は食べたものと同じかたちになる」というものです。

つまり、水っぽくふわふわした陰性食品を食べていると体型も同じようになり、水分の少ない陽性食品を食べると引き締まった体型になる、ということです。

陰陽それぞれの食品の特徴を知り、カロリーが同じくらいの食品なら、できるだけ陽性の食品を選びましょう。

●手軽にはじめられる白湯健康法

- 毎日のスパイス白湯で冷えた胃腸をじんわり温める
- 内臓温度の上昇で代謝が上がり、痩せ体質に
- 腸が活発に動き、毒素を排出、便秘が解消される

毎日、ゆっくりと白湯を飲むだけ

「白《さ》湯《ゆ》健康法」は、時間もお金も手間もかけずにできるダイエット法の一つ。

水を温めただけの白湯ですが、冷えた胃腸を温める効果があり、便秘解消など健康や美容にもよい影響をもたらしてくれます。

飲む量の目安は、1日700～800ミリリットル。ただし、水分の摂りすぎはよくないので、それ以下でもOK。一度に飲むのではなく、コップ1杯程度の白湯をこまめにゆっくり飲むのがもっとも効果的です。

「朝起きたときと寝る前にコップ1杯ずつの

スパイス白湯のつくり方

❶ やかんに水もしくはミネラルウォーターを入れて火にかけ沸騰させ、火をとめる。（カルキが気になる人は沸騰したら弱火にして15分後、火をとめる）

❷ 50℃程度（体温より少し高め）まで冷まし、しょうがやシナモンなどのスパイスを加え、ゆっくり飲む。

水を飲む」のが健康や美容にいいとされる風潮がありますが、冷たい水の一気飲みはやめましょう。就寝中に汗や呼吸によって水分が出ていくのは事実ですが、便秘やむくみの原因は冷えて腸の動きが鈍くなっていること。冷たい水を必要以上に飲むのは、その症状を助長させる恐れがあります。

スパイスを加えて血行促進作用プラス

まずは、朝食前・朝食後どちらでもかまわないので、10分ほどかけて白湯を1杯飲むだけで十分。

さらに、そこにすりおろしたしょうがやシナモンなどのスパイスを加えると、血行促進作用がプラスされ、効果が一層高まります。梅干しや赤しそもおすすめです。

●発酵食品なら「キムチ」のわけ

●発酵食品なら
なんでもいいわけではない
●農耕民族の
日本人の腸に合うのは
ヨーグルトより漬けもの
●キムチの唐辛子が血流を
よくし、腸内環境を改善

ヨーグルトが腸にいいってほんと？

「発酵食品」は腸内環境を整える、積極的に摂りたい食品です。でも、発酵食品ならなんでもいいというわけではありません。

たとえば、腸にいい発酵食品としてまず頭に浮かぶヨーグルトは中間（間性）食品。でも、そこに南でとれるバナナを加えると陰性食品に、北でとれるりんごや、ビタミン、ミネラルが豊富なはちみつを加えれば陽性食品になります。つまり、ヨーグルトは組み合わせる食品によって陰にも陽にも変わるのです。

キムチは植物性乳酸菌×食物繊維が腸内環境を整え、唐辛子に含まれる辛味成分「カプサイシン」が、血管を広げて全身の血流をよくする。体温を上げ、腸を温め、冷え性改善にもつながる

●カプサイシンの効用

カプサイシンは、食事以外に皮膚からもその成分が浸透するので、乾煎りした唐辛子をガーゼに包んで入浴剤代わりに使うと、血行促進・からだ温め効果が期待できる。靴下のなかに入れれば、保温効果が。

野菜の漬けものはダブルで腸にいい

一方歴史的に見て、日本で古くから食べられている漬けものは、私たちのからだに合っている発酵食品です。とくに野菜の漬けものは、「植物性乳酸菌」とそのエサとなる「食物繊維」が豊富なのでおすすめ。植物性乳酸菌は酸に強く、胃酸に負けずに腸までしっかり届くと言われています。

なかでも、ダイエットに最適の漬けものはキムチ。キムチの乳酸菌には、便秘を予防・改善し、コレステロールを取り除く働きもあり、ダイエットにぴったりです。さらに注目すべきは、「カプサイシン」を多く含むキムチの「唐辛子」。ただし、大量に摂ると胃腸の粘膜を傷つけてしまうので、注意しましょう。

毎日食べたい「納豆・漬けもの・みそ汁」

- 腸までしっかり届く植物性乳酸菌に注目
- 乳酸菌と食物繊維で腸の健康がアップ！
- 日本女性の美と健康への近道は和食にあり

いいことずくめの日本古来の三大発酵食品

納豆と漬けものとみそ汁は、3つとも日本の昔ながらの「発酵食品」で、からだを温める陽性食品でもあります。

カロリーが低いうえに、「植物性乳酸菌」などが腸内環境をよくしてくれるので、とくに女性におすすめ。腸内環境がよければおなかの調子が整い、便秘の悩みを改善できますし、余分なものを出してしまうので、肌の調子もよくなります。日本人が健康と美しさを手に入れるには、こうした植物性の発酵食品を摂るのがいちばんの近道です。

食事に1品添えるなら納豆がおすすめ

漬けものについては前の項目で触れましたが、「納豆」も漬けものに負けず劣らずの優れた食材です。

前出の効果のほかに、納豆のネバネバ部分に含まれる酵素「ナットウキナーゼ」が、血栓を溶かし、血液をさらさらにします。血流がよくなれば、冷えも解消。さらに、ダイエットへの効果も期待できるというわけです。

また納豆には整腸作用もあるので、免疫力のアップにつながります。コストを考えても手軽に手に入れることができる日本生まれの納豆は、食事に1品添えるのに適した食品ですね。

●温まる調味料は「塩、みそ、しょうゆ」

- 陽性の調味料を知れば料理でからだの温めが可能に
- 陰性食品には温め調味料をプラス！
- 塩ならミネラル豊富な「天然塩」がおすすめ

調味料にも陽性と陰性がある

　調味料にも陽性と陰性があります。意外かもしれませんが、健康にいいとされている「酢」は陰性です。でも、日本人の多くが摂りすぎに注意と騒がれている「塩」は陽性です。塩には水分を排泄させ、血圧を上げて、からだを温める作用があるのです。陰性のスイカに塩をかけると、冷やす作用を中和してくれます。

　同じように、陽性の「みそ」や「しょうゆ」といった調味料を使って陰性食品を調理すれば、料理を陽性に近づけることができます。

話題の「酢酸菌」ってなに?

今、黒酢またはバルサミコ酢、にごり酢に含まれる
「酢酸菌」が注目を集めています。

健康効果がすごい!

腸内環境を整える：酢酸菌が腸内の悪玉菌の増殖を抑え、便秘対策も

マクロファージ（免疫細胞）を活性化：酢酸菌を含む黒酢などには免疫細胞を活性化する「LPS」が含まれている。そこにさらに乳酸菌をプラスすると、相乗効果でマクロファージの活性が2倍以上にアップ

アレルギー対策：酢酸菌が免疫の誤作動や過剰反応を抑制することでアレルギー症状を抑える

塩は「天然塩」、酢なら「黒酢」

塩はからだに悪いと思われがちですが、それは塩の多くが「精製塩」だからです。精製塩は、製造過程においてミネラル成分が取り除かれてしまいます。一方、天日干しなどでつくられた「天然塩」は、カリウムやカルシウム、マグネシウムなどのミネラルを多く含み、血行を促進し、冷えを改善する作用があります。

　また、酢の多くは陰性ですが、「黒酢」は陽性です。注目はそこに含まれる「酢酸菌《さくさんきん》」。一般的な酢とちがい、熟成後に製品の安定化と見た目（にごりがある）をよくするための濾《ろ》過《か》をしないので、酢酸菌がなくならないのです。健康効果を考えたら賢く摂りたいですね。

●イチ押しの「しょうが」は加熱でパワーアップ

●加熱や乾燥で格段にしょうがの健康パワーは上がる

●全身の血の巡りがよくなり、からだを芯から温める

●代謝アップで、ダイエット&美肌に効果!

加熱変化でからだ温め効果がより高く

古くから、漢方薬としても使われるほど健康効果の高い香辛料の「しょうが」。血の巡りをよくして代謝を高め、冷え性にも効果を発揮します。

そんなしょうがですが、加熱したり乾燥させたりすると、さらにそのパワーが高まります。それは辛味成分である「ジンゲロール」が「ショウガオール」という成分に変化するから。ショウガオールのほうがからだを温める効果が一段とアップするのです。

蒸ししょうがのつくり方

❶ しょうがは皮つきのまま洗い、汚れた部分だけこそげ落としたら、繊維に垂直に1ミリ程度の厚さにスライスする

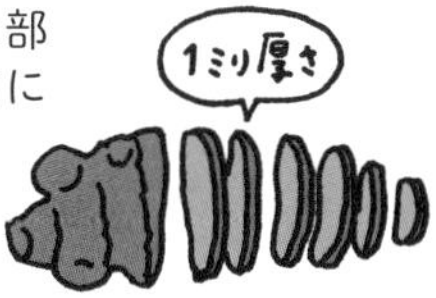

❷ 蒸し器かオーブンで加熱
蒸し器：30分ほど蒸して、甘いにおいがしたら火を止め、ざるや皿などに広げて全体がカリッとするまで乾燥させる。蒸し器のかわりにシリコンスチーマーに入れ、電子レンジでようすを見ながら5分ほどの加熱でもOK
オーブン：80～100℃のオーブンで1時間～1時間半加熱する。茶色になり、干からびた感じになったら完成

❸ 乾燥させたしょうがは、そのまま、または細かく刻む、ミルなどで粉末にして、容器に入れ保存する。常温で3ヶ月はもつ

いつでもどこでも 毎日「蒸ししょうが」

2000年前から伝わる漢方に、生のしょうがを蒸して乾燥させた「乾姜《かんきょう》」がありますが、それがすなわち「蒸ししょうが」です。

昔は体力のない、きつい冷え性の人だけに処方されていたものですが、現代女性のほとんどが運動不足で体力がなく冷え性を抱えています。だからこそ、おすすめなのです。

また、生のしょうがは簡単に手に入る食品ですが、そのまま持ち歩くというわけにはいきませんね。でも「蒸ししょうが」をつくり、粉末状にすれば、外出先に持参することも可能です。たとえば、それを市販のお弁当にかけたり、ドリンクに入れたりするだけでもOKです。

●朝食には「にんじんりんごジュース」

- ゆっくり、じっくり
  毎朝1杯を続けたい
- 栄養素より
  冷やすか温めるかで
  食材を選ぶ
- つくりたての生ジュースで
  1日のスタートを切る

りんごとにんじんは黄金の組み合わせ

バナナやパイナップル、柿や梨などくだものの多くは陰性食品ですが、寒い地方でとれるものは陽性です。なかでもりんごは「1日1個で医者を遠ざける」と言われるほど健康効果が認められているくだもの。整腸作用もあるので便秘にも効果的です。

根菜のにんじんも陽性食品なので、からだを温め代謝を上げます。りんご、にんじんに多く含まれる成分の「カリウム」にも冷え性改善、むくみ解消効果があります。さらに、にんじんの「β-カロテン」には免疫力を高

にんじんりんごジュースのつくり方

材料（1人分） ●にんじん2本　りんご1個

常温で保存したりんごとにんじんを、皮をむかず種も除かず、適当な大きさに切ってジューサー（ミキサーでつくると食物繊維が残り、胃での消化に時間がかかる）にかけるだけ。約450㎖のジュースのでき上がり

※水や氷は入れない
※にんじんのにおいが苦手な人はりんごを多めに
※どうしても冷たいほうが飲みやすい人は、材料をあらかじめ冷やしておいてもOK

める効果があると言われています。皮膚や粘膜の状態をよくする働きもあるため、肌の調子も整えてくれます。

常温でつくり噛むように飲む

この黄金の2種でつくるのが「にんじんりんごジュース」です。できれば、朝一番、からだにしみわたる感覚を楽しみながら、ゆっくり噛むように飲んでください。にんじんの味がどうしてもだめな人には、手軽につくれて飲める「具なしみそ汁」もおすすめです。

最近人気の生の葉野菜とくだもの、水を使ってつくる「グリーンスムージー」も栄養は豊富ですが、体温が上がりはじめる朝に、陰性のグリーンスムージーを飲むと、体温は上がらないままになってしまいます。

●油を摂るなら「オリーブオイル」

- ●からだが喜ぶオイルを選ぶ
- ●加熱しないほうが血流を整え、脂肪を吸収する効果がアップ
- ●ギー（バターオイル）も冷え・むくみを改善

サラダオイルのなかにはからだにマイナスの成分も

昔から「太る」「健康に悪い」というイメージが強いせいか、塩と同様に悪者扱いされる油（オイル）。それは摂りすぎによる弊害です。油も塩もからだに欠かせない大切な栄養素です。

たしかに、一般的に調理でよく使われているサラダ油は「オメガ6」という脂肪酸が主成分で、過剰摂取すると免疫細胞が働きにくくなるなど、からだに悪い働きをすることがわかっています。

オリーブオイルの上手な摂り方

オリーブオイルは生で使うのがおすすめ！

- 納豆や冷や奴にかける
- 焼き魚に大根おろしを添え、オリーブオイルをかける
- 焼きりんごにオリーブオイル、シナモンパウダー、はちみつをかける

●ギー（バターオイル）のつくり方

❶ 無塩バターを鍋に入れて中火にかけ、バターが溶けて表面に白いクリームが浮いてきたら弱火にする

❷ スプーンで白いクリームを取り除き、透明部分のみになったら火を止める

❸ 冷めてからガーゼでなめらかになるまでこし、煮沸消毒した容器に入れて保存する。普段のバターと同じように使用

イチ押しは生のオリーブオイル

油には家庭でもっともよく使われるオメガ6系のサラダ油やごま油と、摂取量が少ないと言われるオメガ3系のエゴマ油や亜麻仁油のほかにオメガ9系のオリーブオイルや菜種油などがあります。

オメガ3系の油にも血液サラサラ効果はありますが、酸化しやすいので、イチ押しはオリーブオイルです。脂肪の吸収を抑えて血流を整え、便秘を予防してくれます。ただし、オリーブオイルに含まれる血液サラサラ成分「オレイン酸」は、熱に弱いので加熱すると効果が低下。なるべく生のまま摂りましょう。

また、ギー（バターオイル）も血液を浄化し、冷えやむくみを改善してくれます。

●飲むなら「紅茶」がおすすめ

●ポイントは
発酵しているお茶

●紅茶+しょうがが、
冷えとりの最強コンビ

●肥満予防以外に疲労回復、
ストレス軽減にも効果あり

コーヒーそれとも紅茶?
迷ったら紅茶をチョイス

自宅、職場、訪問先で、何か飲みたいなと思ったときには、陽性食品である「紅茶」を選びましょう。「コーヒー」や「緑茶」は陰性食品なので、からだを冷やします。

おすすめのポイントは、発酵していること。発酵度が高いほど温め効果が高いと言われ、その代表が完全発酵茶の紅茶です。「ルイボスティー」や「ウーロン茶」も発酵茶に分類されますが、緑茶は発酵させずに加熱処理だけでつくられる不発酵茶です。

しょうが紅茶のつくり方

材料（1人分） ●蒸ししょうが粉末 小さじ半分
黒糖（またははちみつ）適量
紅茶ティーバッグ 1個（またはリーフティー 小さじ1杯）

❶ ティーカップに紅茶を入れる。濃さはお好みで

❷ 蒸ししょうがと黒糖を加えよくかき混ぜる

☆手軽さからもイチ押し。材料はいずれもからだを温める効果のある食品。冷え防止のほかに、利尿作用もあるので、とくに水太りの人におすすめ。朝食前後、食事前、入浴前などに、毎日飲みたい

ダイエット効果以外にも注目効果あり

紅茶には、肥満予防以外にも風邪予防や疲労回復、ストレス軽減などさまざまな効果があります。飲むだけでなく、「紅茶うがい」もおすすめ。紅茶の赤い色素「テアフラビン」は、ウイルスの増殖を防ぎます。

紅茶の飲み方でとくにおすすめしたいのが「しょうが紅茶」です。温め効果の高いしょうがを紅茶にプラスすることで、より一層からだが温まります。

「ココア」も血管の健康を保って冷えやむくみを解消し、脂肪を燃焼させる効果のある陽性食品です。カフェなどで飲みものを選ぶ際にはこちらもおすすめです。

スウィーツなら「和菓子」がおすすめ

- おやつ選びの基本はあんを使ったもの
- むくみやすい女性はあずきを食べるように
- あずきの「サポニン」にデトックス効果

甘いものがほしくなったら あずきを使った和菓子

基本的に陰性食品の白砂糖を使ったケーキなどのスウィーツはからだを冷やすのでおすすめできません。ただ、女性をきれいにするスウィーツもあります。あずき（小豆）を原料とする「あん」を使った和菓子です。

古くから日本人に親しまれてきたあずきには、「サポニン」と呼ばれる強い利尿作用の成分が含まれていて、むくみ改善に役立ちます。デトックス効果や美肌効果もあり、女性にはうれしい食材です。さらに筋肉量アップにつながる効果があることもわかってきました。

ゆでアずきのつくり方

材料（1人分）●あずき 50g 水 600mℓ

☆自宅で「ゆでアずき」や「かぼちゃのいとこ煮」などを手づくりしてみるのはいかがでしょう

❶ 鍋に材料を入れて火にかけ、沸騰させる
❷ 火を弱めて、アクが出たら取りながら水が半分くらいになるまで煮込む
❸ そのまま食べてもいいし、ゆで汁を飲んでもおいしい。甘さがほしいときには黒砂糖を加える

かぼちゃとゆであずき、水をいっしょに煮る「かぼちゃのいとこ煮」もおすすめ。お好みで、しょうゆや黒砂糖、天然塩などで味を調えてもいいでしょう

「しょうが甘酒」にもダイエット効果

ということで、スウィーツ選びの基本は、あずきが使われていること。おまんじゅうやあんパン、どら焼き、ようかん、おしるこなどです。できれば、甘さ控えめ、白砂糖より陽性食品である黒砂糖を使ったものを選ぶとより安心ですね。

また、甘いものがほしくなったときには、「しょうが甘酒」もおすすめ。発酵食品である「甘酒」には、腸内の善玉菌を増やして腸内環境を整える働きがあるので、便秘の予防や改善が望め、血行、代謝を促進させる働きもあります。しょうが甘酒は、そんな甘酒とからだを温めてくれる「しょうが」の相乗効果で、肥満を予防できます。

●小腹がすいたときには色の濃いお菓子

- ●色の濃いおやつは腹もちがいい
- ●白くてふわふわしたおやつはからだを冷やす
- ●おやつもからだを温めるか冷やすかでチョイス

食事の前につまむなら黒砂糖や黒あめを

小腹がすくと、ついつい甘いものに手が伸びてしまいますが、食べるならからだを温めるものを選びましょう。

黒砂糖（黒糖）や黒あめ、プルーン、アーモンドなどのナッツ類といった色の濃い食べものは、陽性食品でからだを温め、空腹感から一度にたくさん食べてしまうのを抑えることができるので、食事の前にちょっとつまむのに最適です。脂肪の燃焼を助ける「ミネラル」も摂れて一石二鳥。バッグなどに入れて持ち歩けば、さっと1かけ、1粒を口に入れ

られます。

また、黒砂糖を使ったかりんとうもＯＫ。カカオも陽性食品なので、チョコレート（できれば高カカオのもの）もいいでしょう。ただし、食べる量には気をつけてください。ココアを飲むのもいいですね。

からだを冷やす
洋菓子をがっつり、はやめて！

反対に避けたいのは洋菓子。シュークリームやケーキ、アイスなど、白くてふわふわした洋菓子は、小麦粉や牛乳、白砂糖などのからだを冷やす食材を使っています。少しだけ、1かけだけだとしてもおすすめできません。

甘いものを摂るときにも、からだを温めるものか冷やすものかで選びたいですね。

●晩酌するなら「日本酒」「赤ワイン」

- お酒でからだを温める
- お酒にも陽性のお酒と陰性のお酒がある
- 陰性のお酒には陽性のおつまみを合わせて

からだを温める飲み方でポッカポカに

お酒にもからだを温める陽性のものがあります。「ポリフェノール」の温め効果もある赤ワイン、根菜のいも焼酎、日本酒（熱燗で）、紹興酒などです。赤ワインに陽性食品のシナモンを加えたホットワインはからだが芯から温まります。

反対に、ビールやウイスキー、白ワインなどはからだを冷やす陰性のお酒です。晩酌するなら、できるだけからだを温めるお酒を選びたいですね。

とは言え、通常、お酒を飲むときは単体で

陽性のお酒と陰性のお酒

陽性のお酒

赤ワイン
いも焼酎
日本酒
梅酒
紹興酒

陰性のお酒

ビール
ウイスキー
白ワイン　麦焼酎

☆陰性のお酒にプラスしたい
陽性のおつまみ

・チーズ　・ドライフルーツ
・しょうがのみそ漬け
・明太子　・塩辛

摂ることは少なく、多くの場合、おつまみもいっしょに摂ります。からだを冷やすお酒を飲むときには、陽性食品のおつまみで陰陽のバランスをとりましょう。チーズやドライフルーツ、塩辛、みそ漬けなどがおすすめです。お酒にしょうがを入れて飲むのもいいですね。

ダイエット中でも晩酌タイムを楽しもう

「お酒を飲むと太る」とよく言われますが、適量のお酒は「百薬の長」とも言います。量や回数を加減し、からだにいい飲み方をしてお酒タイムを楽しみましょう。

　お酒を飲む前に運動やサウナなどでしっかり汗をかき、あらかじめ水分を排泄しておくと、二日酔いの予防になります。

からだを「温める食べもの（陽性食品）」
「冷やす食べもの（陰性食品）」
一覧

陰性食品	陽性食品
牛乳・バター	チーズ
白米・白パン・うどん	玄米・黒パン・そば
葉菜、キュウリ、トマト	根菜（たまねぎ、にんじんなど）
脂身の肉・白身の魚	赤身の肉・魚介類
バナナ・ミカン・パイナップル	りんご・サクランボ・ブドウ
大豆・豆乳・豆腐	納豆・あずき・黒豆
緑茶・コーヒー	紅茶・ココア・ウーロン茶
白ワイン・ビール・ウイスキー	赤ワイン・黒ビール・日本酒
酢・マヨネーズ	塩・みそ・しょうゆ
白ゴマ	黒ゴマ
白砂糖	黒砂糖
洋菓子	和菓子

第2章

ポカポカ腸をつくる生活習慣！

●締めつける服装はやめる！

- 締めつけ下着が冷え、便秘のもとに
- からだを締めつけると血流が悪くなる
- 動きやすい服装選びでプラスのいいこと

きつい下着、小さな服でからだは悲鳴をあげている

　手っ取り早くスタイルをよく見せるためにボディスーツやガードルなどの補正下着やワンサイズ下の服を身につけることがありますが、こうしたファッションが知らず知らずのうちに冷えを招いています。

　たとえば、指をケガしたとき、絆創膏をきつく巻きすぎると、指先が赤紫色になることがありますよね。

　からだを締めつける服装をすることで、それと同じような現象がからだのあちこちで起きてしまっているのです。

だぶついたぜい肉をガードルや着圧ストッキングなどに無理やり押し込むのはＮＧ。サイズの小さな伸縮性のないシャツやスーツ、タイトスカートやスキニーパンツは、動きづらさに加え、圧迫も悪影響。サイズ選びに注意を

ゆとりある服装で
血流、リンパの巡りを改善

サイズが合わないブラにぴちぴちのシャツで背中がだんだんになっていませんか？　服を脱いだときにおなかにくっきり下着の跡がついていませんか？

からだが圧迫されると血流が悪くなり、冷えやむくみにつながります。とくにウエスト（おなか）を締めつけると、腸の蠕動《ぜんどう》運動が低下し、腸での消化が滞り、便秘を引き起こすこともあります。

ゆったりした服装は、からだを動かしやすくし、血流に加え、リンパの巡りも改善。美肌やダイエット効果が望めます。

靴も同じです。きつい靴を履くと血行が悪くなります。無理は禁物です。

1日中1年中いつでも「腹巻き」生活

- 腹巻きでおなかが温まれば、全身が温まる
- 「腹巻き」で血の巡りがよくなり太りにくい体質に
- ただ身につけるだけの超簡単で効果抜群グッズ

首・手首・足首・くびれの4つの「くび」を温める

「腹巻き」は、身につけるだけでOKの、簡単で、効果的にからだの芯を温めるグッズです。

「冷えはからだの首のつくパーツを温めろ」と言います。「くび」れ＝おなかもそこにプラス。食べものの消化吸収や老廃物を排泄する臓器がある大事なこの部分を温めると、その働きが活発になります。

おなかには血管もたくさんあります。腹巻きによって温められた血液が全身に送られるため、血行がよくなり、全身が温まるのです。

●腹巻き（ウエストウォーマー・ボディウォーマー）のポイント

インナーの上からではなく、地肌に直接着けたほうが、保温効果が上がります。肌にやさしい天然素材のものを選びましょう。とくに温め効果の高いシルク、保温性・通気性にすぐれたコットンがおすすめ

体温が上がって代謝がアップすれば、脂肪が燃えやすくなり、痩せやすい体質にもなります。

腹巻きを使わないなんてもったいない！

腹巻きは、外から、確実におなかを温める冷えとりグッズ。

昔は日本人の知恵で「おなかを冷やさないように」と、毎晩、子どもたちは腹巻きをしていました。近頃では「ウエストウォーマー」や「ボディウォーマー」などと言って、おしゃれでかわいい腹巻きがランジェリーショップや通販で売られています。

できれば季節を問わず、入浴時以外24時間の着用をおすすめします。無理なら睡眠時だけでも必須に。

●「使い捨てカイロ」を貼って温める

前に貼り、後ろに貼って おなかを温める

「使い捨てカイロは冬の寒い日の必需品」という人も多く見かけますが、夏場でも冷房がガンガン効いているところでは、腹巻き＋αの手軽な温めグッズとして利用したいですね。すぐに温まり、長時間温かさが持続するのも魅力。

　内臓を温めるためには、腹巻きの上から、おなか側に貼るだけでなく腰側に貼るのも効果的です。温かさが全身に広がっていき、低温やけどの心配もありません。

- 腹巻きにプラスして さらにポカポカに
- おなか（前面・背面）を温めて冷え解消、消化機能アップ
- からだを深部から温めて 無理なく痩せやすい体質に

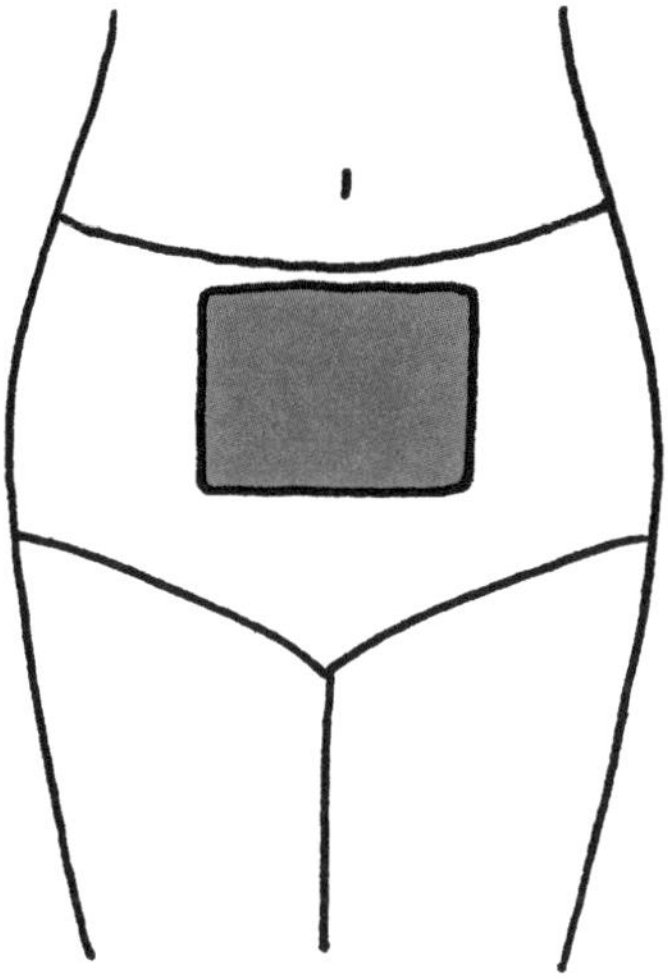

おなか

おへその6、7センチ下に
貼ると効果的

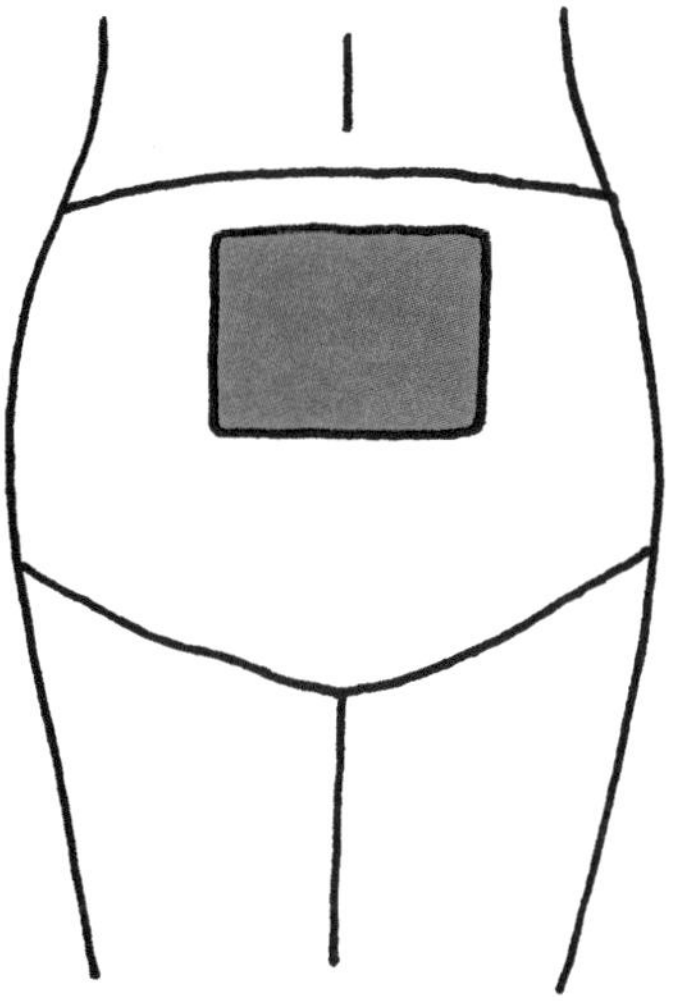

腰

骨盤の中央部にある仙骨
あたりを温める

おへその6、7センチ下、骨盤の真ん中あたりに貼る

おへその下6、7センチあたりには、冷えのツボが集中しているので、その部分に貼るといいでしょう。

腰は、骨盤の真ん中あたりにある仙骨の周辺に貼ると、ジワーッと温かくなります。仙骨には8つの穴があり、そこから内臓へつながる神経が出ているので、そこを温めることで神経が活発になると血流もアップするのです。

また、おなかを腹巻きやカイロで温めれば、子宮や卵巣も温まるので、生理痛や生理不順の解消、婦人病の予防にもなります。ぐっすり質のいい睡眠をとることもできます。

●「湯たんぽ」「温湿布」で冷えとり

- 自宅、室内で使いたい温めアイテムいろいろ
- 寝るとき以外にも湯たんぽを活用
- 昔ながらの「温湿布」をあなどるな！

日本人の知恵
「湯たんぽ」を見直そう

「湯たんぽ」は、寝るときにふとんの足元に入れるものというイメージですが、そのほかにもいろいろ使い道があります。

軽い運動がてら、おなかから腰とからだの周りをぐるぐる転がすのはいかがでしょう。からだ全体が温まります。

最近は、大きさも含め多種多様。お湯を入れて使う湯たんぽに加え、レンジでチンするタイプなどさまざまな種類が出ています。500ミリリットルのペットボトルに40～50度のお湯を入れて使う方法もいいですね。

● こんにゃく湿布

作り方：こんにゃくを熱湯で５分ほど煮て、布でくるみ、おなかに当てる

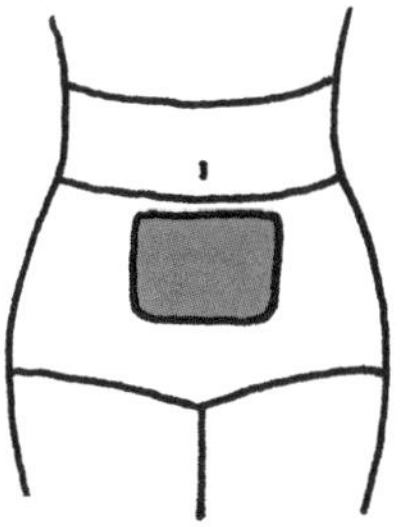

● 湯たんぽ

● 塩湿布

作り方：自然塩をさらさらになるまで中火で煎る。温かいうちに布袋に入れて口を閉じ、おなかに当てる

こんにゃくや塩など身近な材料でつくる温湿布

昔ながらの「温湿布」にも注目。低温やけどの心配がなく、おなかに当てれば深部から温まります。

イチ押しは、「こんにゃく湿布」。こんにゃくに熱がたまり、温湿布に変わります。こんにゃく成分がからだの老廃物や毒素を吸着し、デトックスに効果てきめん。一度温めると冷めにくい「塩湿布」もおすすめです。

また、冷えとりのスーパー食材「しょうが」を使った蒸しタオルも試す価値あり。布袋にすりおろしたしょうがを入れ、水を入れた鍋でいっしょに熱し、少し冷めたところで、鍋にタオルをひたして絞り、おなかに当てましょう。

腸もみマッサージのすすめ

- 「の」の字を描くようにさするのが基本
- おなかを温め腸の動きをサポート
- マッサージ効果で便秘改善、美肌へと導く

マッサージの刺激で排便を促す

便秘の改善がダイエットや美肌に効果があることは序章でも説明しましたね。便秘で腸の動きが悪くなると、腸の血流が悪くなり、それが腸から全身の冷えにつながり、むくみや肥満の原因になります。

小腸は食べ物を消化するために1日中動いていますが、便を出すときに働く大腸の動きは1日に1回ぐらいしかありません。「腸もみマッサージ」を行うと、大腸の動きがよくなって排便が促されます。

朝晩2回のマッサージがおすすめ。食後1

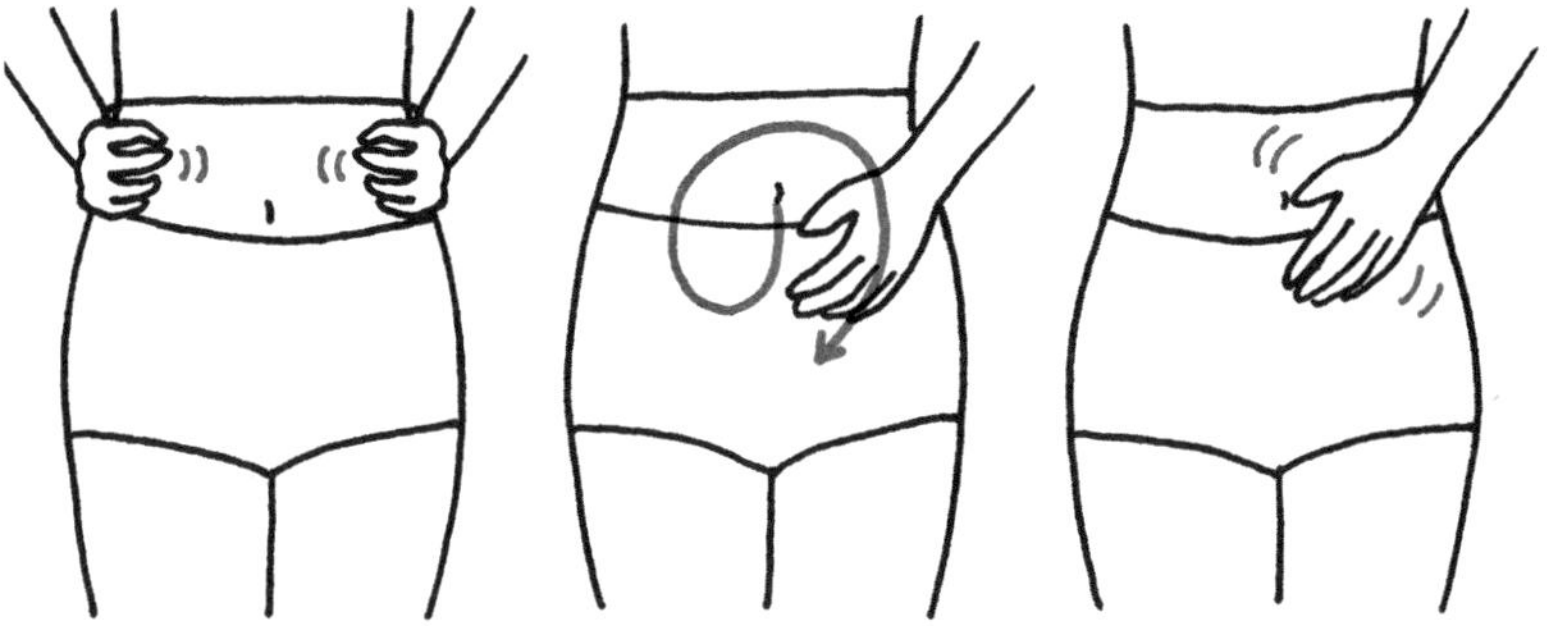

①両手を腰に置き、親指を背中に、残りの指をおなかに当て、両脇をもむ。右手のところに上行結腸、左手のところに下行結腸がある

②「の」の字のマッサージをはじめる。出発点はおへそ。そこから指先で押すように、おへその下→右→上→左とおなか全体をマッサージする。便を押し出すイメージでやるといい

③さらに、指先で押すようによくもみほぐすと効果的。気持ちいいと思えるぐらいの強さで2、3分が目安

時間は避けましょう。

両脇もみから「の」の字マッサージへ

いちばん簡単で効果的なのは、時計回りにおなかに「の」の字を描くようにさするマッサージです。

「の」の字の終点、つまりおなかの左側には下行結腸、S字結腸という大腸の終わりの部分があります。ここから直腸、肛門へとつながって、便が排泄されます。

最初は両手を腰に置いて、ぐいぐいと両脇をもみます。

それから「の」の字のマッサージをはじめます。指先で押すようによくもみながらマッサージすると、腸が動いて、なかの便も押し出されます。

●ツボ押しで内臓機能を整える

●ツボを押すだけで、腸の動きが正常化

●おなか近くのツボを直接刺激する

●滞っていた血流がよくなり、リラックス効果も

腸が健康なら からだも健康に

腸は単なる消化器官ではありません。食べ物を分解、吸収するほかにも、不要な老廃物や毒素を排出して健康なからだを保ってくれています。

体内の免疫細胞の多くも腸に集まっているので、「腸は最大の免疫器官」とも呼ばれます。腸が健康ならからだも健康。だからこそ、もっと自身の腸の状態に注目し、腸の健康にこだわってください。それがダイエットへの近道です。

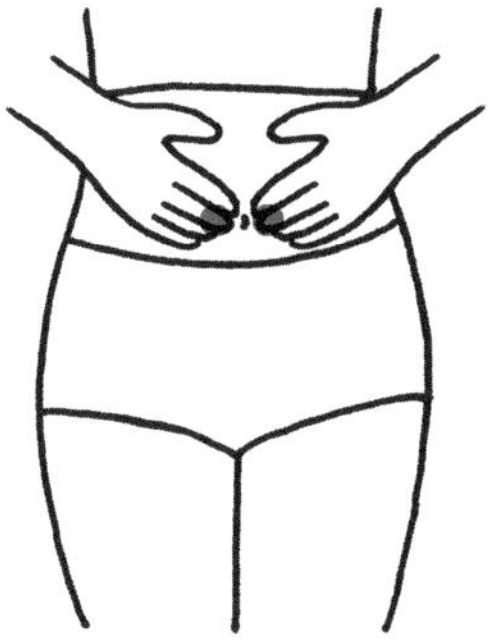

天枢（てんすう）
押し方：中指の先をツボの上にのせ、息を吐きながら押す。奥まで入ったら、そのまま5秒ほどキープし、ゆっくり離す

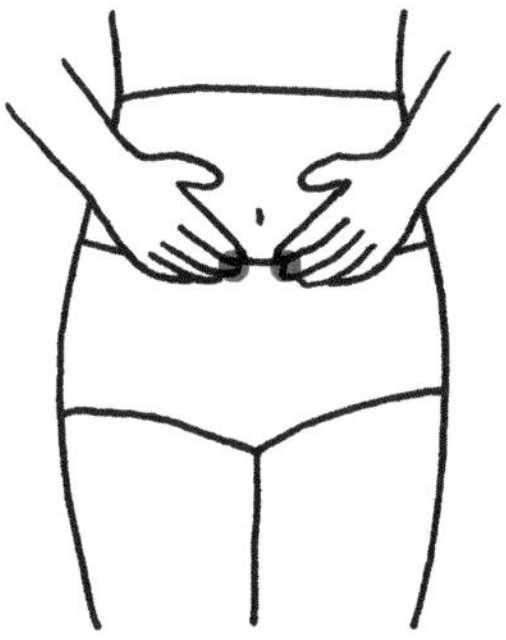

大巨（だいこ）
押し方：中指をツボに当てて、ほかの指を添え、からだの中心に向かって押す。慢性便秘の人は硬くなっていることが多い

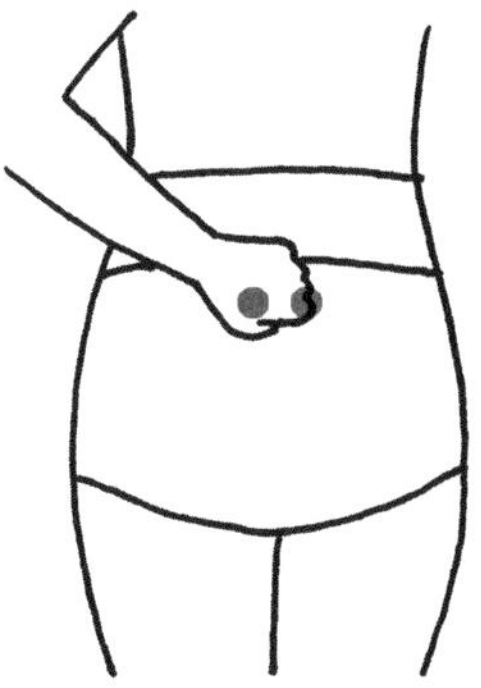

大腸喩（だいちょうゆ）
押し方：背骨と骨盤が交わる部分にあるツボ。仰向けになり、こぶしを握って背中に当てる。ひざを曲げて足を立て、左右に動かすと体重を利用してちょうどいい加減で押すことができる

試しに腸に効くツボを押してみよう

「腸の調子が悪いな」と感じたら、腸に効くツボを押してみましょう。ご紹介するツボは、上記の3ヶ所。基本的にツボは左右対称にあるので、両方とも押してください。腸を健康な状態に導いてくれます。

ツボを押しながらゆっくり息を吐き、離すときに吸います。自然と深い呼吸になり、滞っていた血流がよくなります。気持ちが落ち着いてきて、心からリラックスできるでしょう。

ツボ押しは道具もいらず、ツボの位置によってはどこでもすぐできるのが魅力。おなかのつかみやすい部分をやさしくもみほぐすだけでも効果があります。

●毎日の入浴でからだを芯から温める

- ●「朝シャワーだけ」ではどんどん冷えが進行する
- ●「冷え太り」を止めるにはお風呂に入ること
- ●温熱効果で血液循環がよくなり、腸の働きを活発化

面倒でもゆっくりお風呂に浸かるのは効果大

運動した後に汗を流すためにシャワーを浴びる。それはOKです。でも、夜、お風呂に浸かるのは面倒だからと、朝シャワーにするのはNG。

冬はお風呂に入るけど、夏はシャワーだけですますという人もいますが、これもいただけません。シャワーはからだの表面が一時的に温かくなるだけ。冷えがどんどん進行してしまいます。

まずは、季節によらず、1年中毎日浴槽（バスタブ）に浸かるのを習慣にしましょう。

シャワーは
お風呂の代用にはならない

お風呂やシャワーに入る目的は、からだの清潔を保つだけではありません。リラックス効果もありますし、からだを温めるのに威力を発揮します。

たしかに朝起き抜けにシャワーを浴びると、目が覚め、気分はすっきりするかもしれません。でもそれは、からだを冷やす行為にほかなりません。シャワーはお風呂の代用にはならないのです。

腸を温め冷え太りを止めるには、しっかり「お風呂に浸かること」。ゆっくりからだを温めることで血液循環もよくなり、腸の働きを活発にし、からだの免疫力を高めることになるのです。

●自分に合った入浴法を見つけよう

- 温め＋水圧で、下半身のむくみを改善
- 時間があるときには半身浴の長湯もおすすめ
- 温めで交感神経を鎮めてリラックス効果も

お湯の温度は？浸かっている時間は？

お風呂の温度や浸かる時間は、人によって好みが異なるところ。とくに何度とか何分といった正解はありません。

目安は、「うっすら汗をかくまで」しっかりと浸かることです。これで体温が確実に1度上がります。

また、浴槽に浸かると、からだに水圧がかかります。この水圧によって静脈血やリンパ液が押し上げられ、その流れがよくなり、下半身のむくみ改善が期待できます。こうした効果はシャワーでは得られません。

夏は38°C、冬は40°C前後が目安。じんわり汗をかくまで30～40分浸かる

ポカポカ感が持続する半身浴もおすすめ

時間に余裕のあるときには、30～40分、みぞおちから下だけお湯に浸かる「半身浴」をすると、じんわり大量の汗をかき、血行がよくなります。手や腕は出しておきましょう。

半身浴の長湯は、とくに交感神経を鎮め、副交感神経を優位に導きます。その結果、リラックス効果が高まります。リラックス効果をより求めるなら、お湯はぬるめの38度くらいがおすすめですが、冷え性の人は寒く感じてしまうかもしれません。自分が温まる温度で浸かりましょう。

全身浴は水圧の負荷が強くかかるので、とくに心臓や呼吸器系に疾患のある人には半身浴のほうがおすすめです。

●手づくりの「薬湯」で驚きの保温効果

- ●「塩」や「しょうが」を入れると温浴効果アップ
- ●家庭にある食材を使うから経済的
- ●からだを芯から温め、湯冷めもしにくい

古くから日本で親しまれてきた「薬湯」

「薬湯《やくとう》」とは、薬品や薬草が入った薬効の高いお湯のこと。日本では、端午の節句に「菖蒲湯」、冬至に「ゆず湯」などが昔から親しまれてきました。

おすすめするのは、「しょうが風呂」と「塩風呂」、「大根風呂」。入浴の温め効果をより高めます。

お風呂タイムを身近な材料で楽しみながら温まる

一握りか二握りの自然塩を入れる「塩風呂」

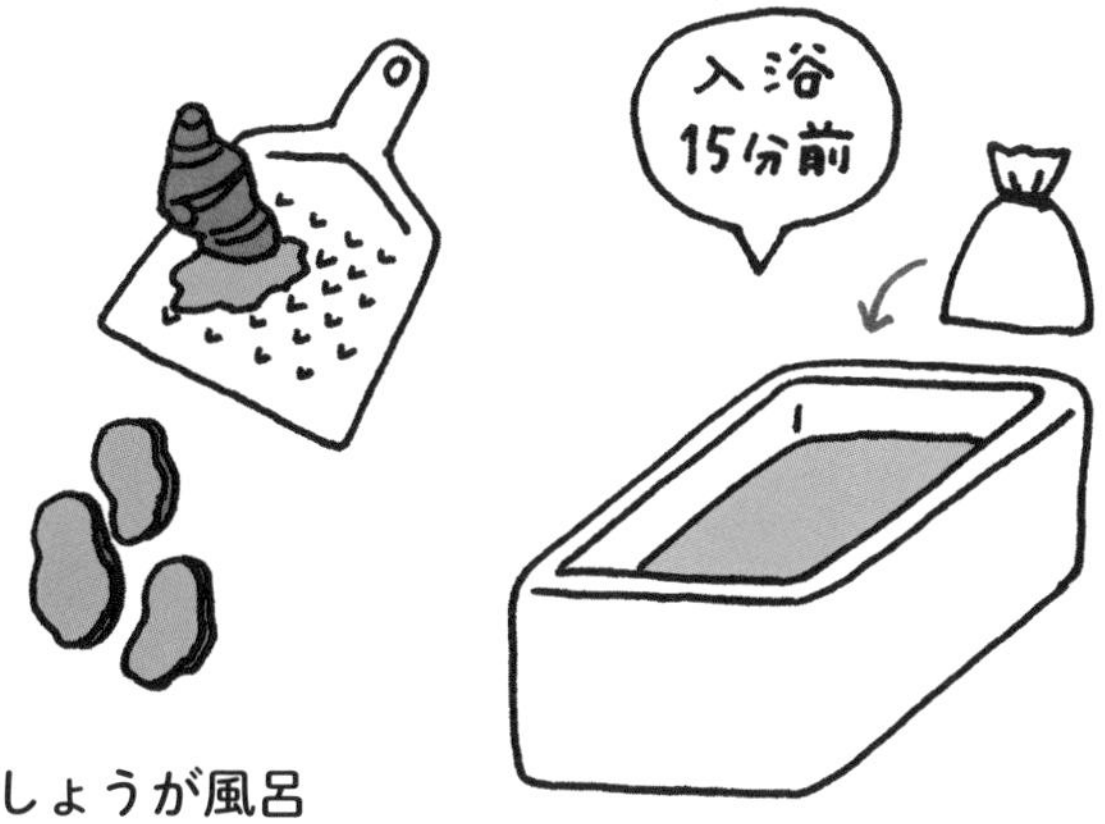

●しょうが風呂

生のしょうが１個をスライスして、そのまま入れるか、皮ごとすりおろして布袋に入れ口をきつく縛り、入浴 15 分前に浴槽に入れる。肌がぴりぴりする場合は、量を少なめに

●大根風呂

約１週間天日干しにした大根の葉を細かく刻み、布袋に入れて口をきつく縛る。それを沸騰した湯で 20 分ほど煮込み、煮汁ごと風呂に入れる

●塩風呂

浴槽に自然塩を一握りか二握り入れる。肌に違和感がなければ、シャワーで洗い流さなくて OK

は、皮膚の表面に被膜ができて、保温効果が高まると言われています。被膜を流してしまうのはもったいないので、かゆみが出る人はだめですが、そうでない場合は洗い流さずにそのまま上がりましょう。

「しょうが風呂」は、しょうがの温め成分が皮膚から体内に取り込まれ、皮膚の下にある毛細血管の血流がよくなり、入浴後もポカポカと温かい状態が続きます。ただし、しょうが風呂は、最後にシャワーを浴びてから出てください。

ちょっと手間はかかりますが、大根の葉を使った「大根風呂」も温浴効果があるので、冷え改善におすすめ。

どれもすぐに手に入る材料ででき、経済的です。

●「3・3・3入浴法」はダイエットに最適

● 浴槽に3分、洗い場で3分、これを3回繰り返す
● 短時間でしっかりからだが温まる
● 運動効果アップで、太りにくい体質に

「3・3・3入浴法」ってどんな方法？

冷え性で運動不足の人にとくにおすすめの入浴法が、42度以上の熱めのお湯に肩まで3分浸かって、洗い場で3分、その後またお湯に浸かる……これを3回繰り返す「3・3・3入浴法」。

浴槽に浸かっている時間はトータル9分と短いにもかかわらず、温め効果は抜群。汗もかなり出ます。入浴するだけで、軽い運動と同じ効果があるので、ダイエットにぴったりです。

3・3・3入浴法は、毎日続けることで汗を

浴槽から出て3分間、からだを冷ます。その間に髪やからだを洗っても

これを3回繰り返す

42℃くらいの湯に3分間肩までしっかり浸かる

かきやすい代謝のいいからだをつくる効果も期待できる入浴法です。

短時間でしっかり汗をかきたいときにおすすめ

ぬるめのお湯に長く浸かる「半身浴」も大量に汗をかきますが、長湯が苦手な人や忙しくて時間がないときには、この3分ずつ3回入浴する方法がおすすめです。運動が苦手な人もこれならできるのではないでしょうか。ぜひ試してください。

ただし、熱い湯に入ると肌が乾燥しやすくなるので、入浴後はしっかりと保湿しましょう。常温の水や白湯などの水分補給も忘れずに。高血圧や心臓疾患のある人はからだへの負担が大きいのでやめましょう。

●どうせならお風呂でエクササイズ

- ●バスタイムはちょっとした運動に最適
- ●短時間でもダイエット効果が高い
- ●入浴時にできるから毎日簡単に続けられる

温かさや水圧を味方にしてダイエット効果アップ

バスタイムにプラスするなら、入浴前にスクワットなどの筋肉運動をすると代謝が上がり、汗が出やすくなるので試してみてください。さらに、入浴後はストレッチでからだを伸ばしましょう。また、入浴している時間もちょっとしたエクササイズに最適。

お風呂での運動はからだが温まった状態で行うため、エネルギー消費量がアップします。さらに、水による負荷がかかるために、血流も促され、通常より運動効果が得られやすいのです。「お風呂に入ったらやる！」と決め

●バタ足エクササイズ
浴槽のなかで足を伸ばす。腹筋を意識し、背筋を伸ばして足のつけ根から足をバタバタと動かす。水面から足が出ないように意識し、20回続ける

●ひざ倒しエクササイズ
浴槽が狭い場合は、ひざを立てて左右に両脚を倒す。ひざが湯から出ないようにすると、水の抵抗が増す

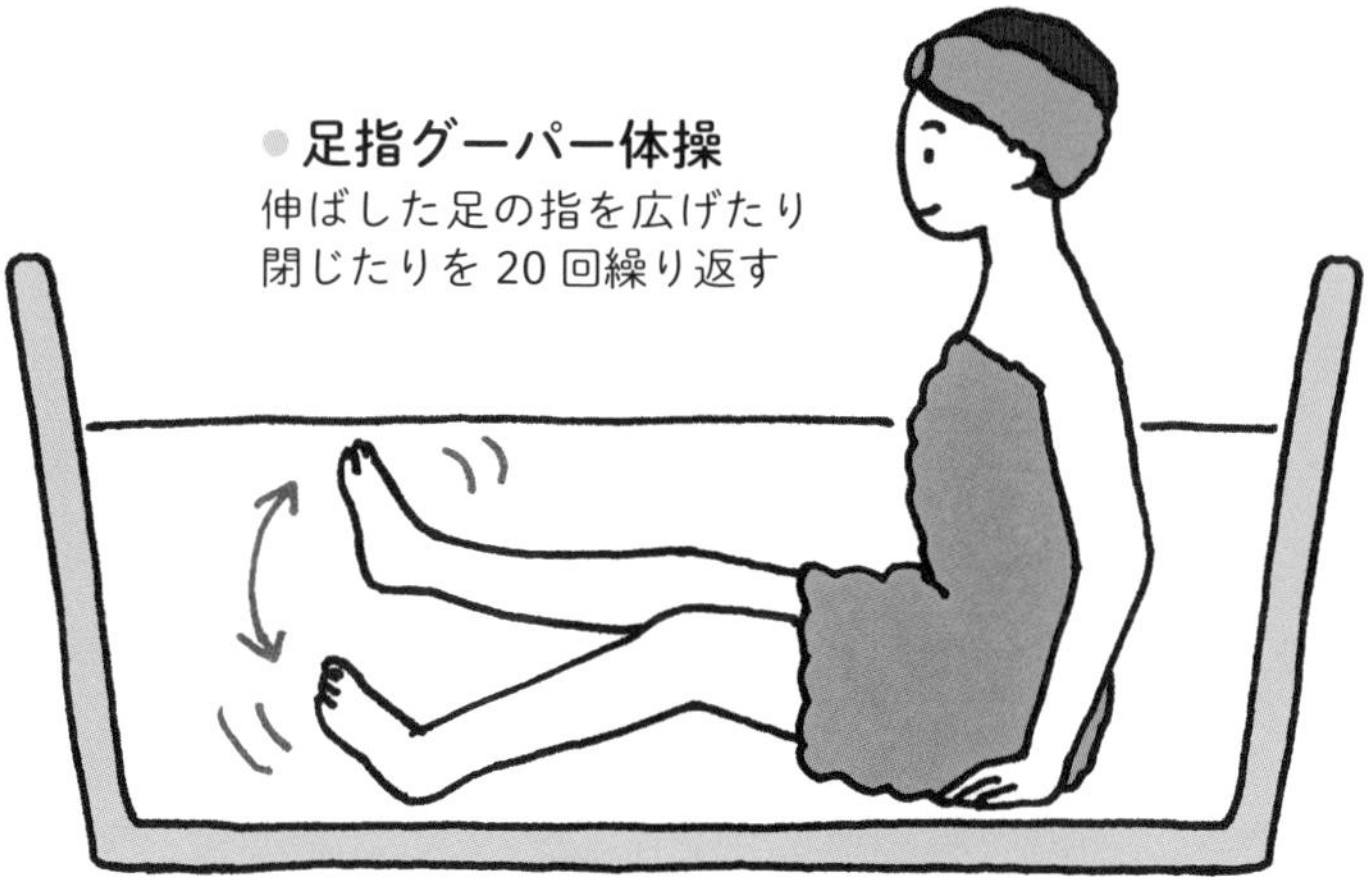

れば、毎日続けやすいですね。習慣化するのが大切です。

「腹筋を使って姿勢よく」がコツ

やり方は、浴槽のなかで足をバタバタ動かすだけと、いたって簡単。腹筋を使って背筋をピンと伸ばし、足をつけ根からしっかり動かしましょう。浴槽が狭く足を伸ばせない場合は、立てたひざを左右に倒すだけでOK。ひねりがおなかに効きます。

伸ばした足の指を広げたり閉じたりする「足指グーパー体操」を組み合わせるのもいいですね。

のぼせないように、浴槽のふちに座って、足でお湯をかき混ぜるエクササイズも取り入れてみましょう。

●柑橘系アロマを焚いて脂肪燃焼

- ●血行促進作用で冷えやむくみを解消
- ●代謝や消化活動をサポート
- ●脂肪燃焼でダイエット効果も得られる

香りの成分がからだにいい作用をもたらす

果実や植物がもつ香りは、人をリラックスさせたり、リフレッシュさせたりする効果があります。香りの成分が人間の本能を司る大脳辺縁系に伝わることで、自律神経が整うからです。

一見、腸とは関係ないようですが、からだとメンタルの両方を刺激する香りのなかには腸を刺激してくれるものもあります。

食欲を抑え、脂肪を燃焼しやすくする香り、血行促進や老廃物を排出することで新陳代謝を高めてくれる香りを使って、ダイエットを

腸にいい香り

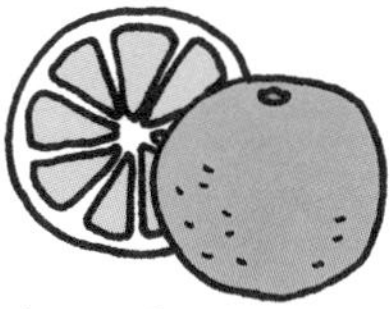

グレープフルーツ
血液やリンパの流れを促進し、老廃物やむくみをとる。脂肪燃焼効果もある

オレンジビター
「橙（だいだい）」と呼ばれる柑橘類。胃腸の働きを整える

ベルガモット
食欲不振、吐き気にも効果を発揮。紅茶のアールグレイにも使われる

フェンネル
消化器系に作用し、腸内ガスや便秘、吐き気に効果的

レモン
血液の流れをスムーズにする作用がある。消化不良解消に効果的

目指しましょう。

フレッシュな香りで腸にうれしい効果

　腸にいい香りはオレンジビター、グレープフルーツ、ベルガモットなどです。フェンネル（ウイキョウ）やレモンも腸の働きを活発にする作用があると言われています。

　とくにオレンジビターは、消化器系の循環を促す作用があり、消化促進や便秘にもいいと言われていておすすめです。

　またグレープフルーツには、食欲を調整する効果があると言われています。果実の香りを嗅ぐだけで減量効果があったという報告も。爽やかな香りに気分も上がります。

　成分が鼻の粘膜から体内に入ることで作用するため、天然のアロマを使いましょう。

●夜間は胃腸をきちんと休ませる

- 翌日の体調を考えて、夜食は控える
- 睡眠の乱れが冷えを招く
- 朝の体温は前の晩の眠りに左右される

寝る前3時間の菓子や食事はNG！

冷えていると太りやすいことは説明してきましたが、冷えている人は「寝つきが悪い」「夜中に何度も目を覚ます」「すっきり起きられない」など、睡眠に関するトラブルを抱えていることが少なくありません。

夜更かしして、ついスナック菓子や夜食を食べると、胃腸はいつまでも休めず、血流やエネルギーは腹部に集まったままという状態になります。

夜は、内臓をきちんと休ませることが大切です。

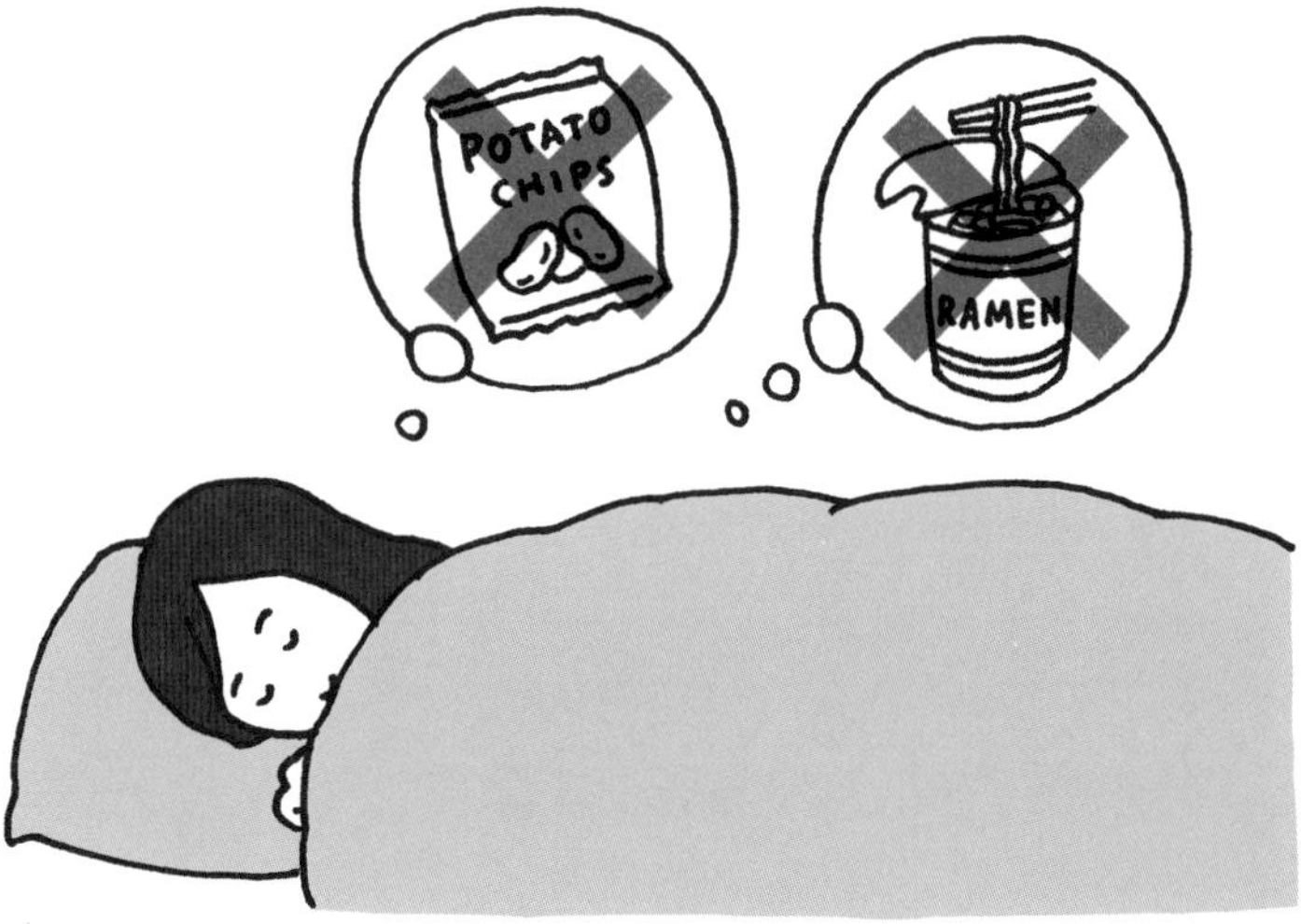

寝るときは満腹も空腹も避け質のいい眠りを

食事は就寝時の少なくとも3〜4時間前には終わらせましょう。胃腸が働いていると、なかなか寝つけません。どうしても仕事や外出で夕食の時間が遅くなるときは、なるべく消化のいいものを摂るように意識してください。

逆に、空腹感を覚えていても眠れないですよね。そんなときは、温かい飲みものを。カフェインが含まれているものは避けましょう。もちろん腹巻きを忘れずに。

夜間、内臓をきちんと休ませることで、翌日の朝はスッキリ目覚めることができ、体温が上昇します。

●朝だけ、週末だけのプチ断食のすすめ

●食べすぎたら、
プチ断食で胃腸を休める

●ゆるい断食で
血行不良を改善

●血液中の老廃物が除去され、
からだの内からきれいに

食べすぎの現代人に
断食は悪くない選択

朝食を抜かず、しっかり1日3食を摂ることが健康な食生活と考えている人に、「朝食は食べなくていい」「断食（ファスティング）はからだにいい」と言うと驚くでしょう。でも、「そんなに食べてない」と言っても、高たんぱく・高脂質を好む現代人は、日常的に栄養過多になっています。

本格的な断食を行うのはたいへんですが、プチ断食なら、だれでも気軽に、無理なくとり入れられます。「食べすぎたな」と感じたら、プチ断食を試してみましょう。意外とすっき

朝食
食べない。または
にんじんりんごジュース

昼食
にんじんりんごジュース　または　温かいおそば（とろろ、わかめなどの具はからだを温めるのでおすすめ）

夕食
にんじんりんごジュース　または　陽性の食材を中心にした軽い和食メニュー

※断食中の注意

- 水分をまったく摂らないのは危険
- おなかがすいたら、具なしみそ汁か黒砂糖入り紅茶を
- 低血糖の症状（冷や汗や動悸、手足の震えなど）が出たら糖分を補給
- 持病を抱える人、薬を常用している人は、医師に相談してからに
- 断食が終わってもいきなりたくさん食べず、重湯やおかゆなどで胃を慣らしながら、徐々に戻すこと

りしますよ。

無理しないプチ断食でからだをリセット

　プチ断食を行うメリットは、第一に血行がよくなること。食べすぎによる内臓酷使で、四六時中血流はおなかに集中しています。その負担を取り除き、末端にまで血液を巡らせ、冷えを改善します。

　第二に、血液中の老廃物の除去。冷えて血流が悪くなると、老廃物などの回収がうまくいかず血がドロドロになります。プチ断食でそうした老廃物もデトックスされます。

　そのほかにも、プチ断食には免疫力がアップする、ダイエット、味覚改善、頭が冴える、気持ちが前向きになる、熟睡できるなどの効果があります。

●夏は要注意！ いちばん腸が冷える

- 冷房の効いた部屋、オフィス、電車で薄着はNG
- 冷たいもの、陰性食品の飲食がおなかを冷やす
- 夏でも陽性食品、腹巻き、湯船に浸かる生活を

猛暑の夏だからこそ油断は大敵

1年のうち、夏がいちばん冷えます。しかも、おなかが冷えます。

冬は寒いので、冷えないように防寒対策し、鍋やしょうがなど、意識しないでも自然にからだが温まるものを食べています。ですから冷えはそこまで深刻ではありません。

しかし、近年の猛暑もあって、夏は薄着ですごすことが続きます。ついつい冷たいものを飲みたくなりますし、スイカやトマト、そうめん、かき氷など、陰性食品を摂ることも多くなり、内臓が冷えてしまうのです。

内から外から おなかを温める

胃腸が冷えると、その働きは落ち、さまざまな災いをもたらすことはこれまでも説明してきました。冷房の環境下では、常に腹巻きをし、おなかを冷やさないこと。カーディガンやレッグウォーマーなどでしっかり調整しましょう。熱帯夜の冷房はもはや必須。でも、春秋用の掛け布団、長そで・長ズボン、腹巻きでぐっすり温かく寝たいですね。

また、トマトやきゅうりなどの夏野菜には自然塩をかける、料理や飲みものに蒸ししょうがをとり入れる、みそ汁は冷ましたものにするなど工夫し、夏でも毎日、湯船に浸かることも大切です。

現代の「夏は冷える」を肝に銘じましょう。

column

知っておきたい漢方薬❷

―― 便秘やそれにともなう症状があるとき ――

大黄甘草湯（ダイオウカンゾウトウ）

大黄甘草湯は、便秘のときに使われる代表的な漢方薬です。腸の運動を活発にして便通をつけます。便秘にともなう腹部膨満感や吹き出物にも用いられます。

麻子仁丸（マシニンガン）

便が硬く塊状、コロコロになり、排便に苦労するようなときに、便をやわらかくすることで便通をよくしていきます。体力のない女性や高齢者、病後にも使われます。

便秘にともなう症状、腹部膨満感やのぼせ、吹き出物、痔の症状を緩和するときにも用いられる漢方薬です。

―― 下痢や食あたり、冷え腹のとき ――

五苓散（ゴレイサン）

吐き気や腹痛をともなう下痢のときに比較的広く用いられます。水分循環を改善し、無駄な水分を取り除きます。急性胃腸炎や頭痛、むくみ、二日酔いなどのときに使われます。

胃苓湯（イレイトウ）

五苓散と平胃散（ヘイイサン）を合わせた処方薬です。平胃散は、消化不良にともなう胃もたれや吐き気、下痢傾向のある人の胃炎などに用いられます。

胃苓湯は、水溶性の下痢や嘔吐、口のかわきなどをともなう冷え腹や暑気あたり、急性胃腸炎などに有効です。

第3章

ポカポカ腸をつくる
ながらエクササイズ

●こんなところ、こんなときにちょっと運動

- ●普段の歩きを
  ちょっと速めてウォーキング
- ●電車やエレベーターの中で
  ひそかに筋トレ
- ●階段、自転車など
  つらいほうを選んで
  運動に変える

無酸素運動と有酸素運動を組み合わせるのが理想

運動には「無酸素運動」と「有酸素運動」があります。

無酸素運動は、息をぐっと詰めて、短時間で筋力を集中して使う運動。筋力トレーニングやダンベル運動がこれです。

有酸素運動は、ウォーキングや水泳など、呼吸によって酸素を十分に取り込みながら行うもの。

この2つの運動を組み合わせると効果がアップ。健康的でキレイなからだをつくることができます。

普段よりも少し速い速度で、両手を大きく振って、20分歩くだけでも十分。朝10分、夜10分と分割してもOK。体を温めたり汗をかいたりするには連続で歩いたほうがいいけど、トレーニングという意味では10分ずつでも効果あり。駅が近い場合は、一駅先までがんばるのは基本！

ちりも積もれば方式で けっこうな運動量に

生活のなかで取り入れやすいエクササイズをいくつかご紹介します。

いちばん手軽な有酸素運動はウォーキングです。通勤や通学、買い物への往復にするのがベスト。コツは、いつもより少し速く歩くことです。

掃除機をかけるとき、洗いものをするときに重心を下げて足に負荷をかけるのはどうでしょう。電車のなかで立っているときに、つま先立ちをするのも手軽な無酸素運動。エスカレーターより階段、自転車ならいちばん重いギアでこぐのもいいですね。

電車、エレベーターのなかで筋トレ

電車のなかで立っているときには、背筋を伸ばし、インナーマッスルを意識してみる。さらに、かかとを上げ下げする

エレベーターを待つ間、混んでいないエレベーターのなかで、腹筋を意識して、素早くウエストをひねる運動を

つらいほうを選んでちょい筋トレ

エスカレーターと階段なら、階段を選ぶ。さまざまな場面で意識して階段を使い、1日50段、100段と目標を決めるとやる気もアップ。1段飛ばしなら、より効果あり（周りを考慮し、ケガなどにも注意）

掃除機は、足を前後に大きく開いて重心を下げてかける。さらに腰をひねりながら掃除機を左右に動かす

自転車は電動でないものを選び、あえていちばん重いギアで走る

食事前のちょこっと運動で食欲抑制

- 運動すると食欲は起こりにくくなる
- 自律神経の影響を利用した賢い方法
- 夕食前の運動がダイエットにもっとも効果的

「運動後はおなかがすく」は思い込みかも

からだを動かすとその分おなかがすくような気がしますが、不思議なことに、運動すると、かえって食欲は起こりにくくなるのです。ジムなどで筋トレしたり、走ったりしたことがある人なら、そうした経験があるのではないでしょうか。

これは自律神経の影響によるものです。運動中は交感神経が優位になり、からだが緊張状態になるため、おなかがすきません。リラックスして副交感神経が優位になると、なにか食べたくなるのです。

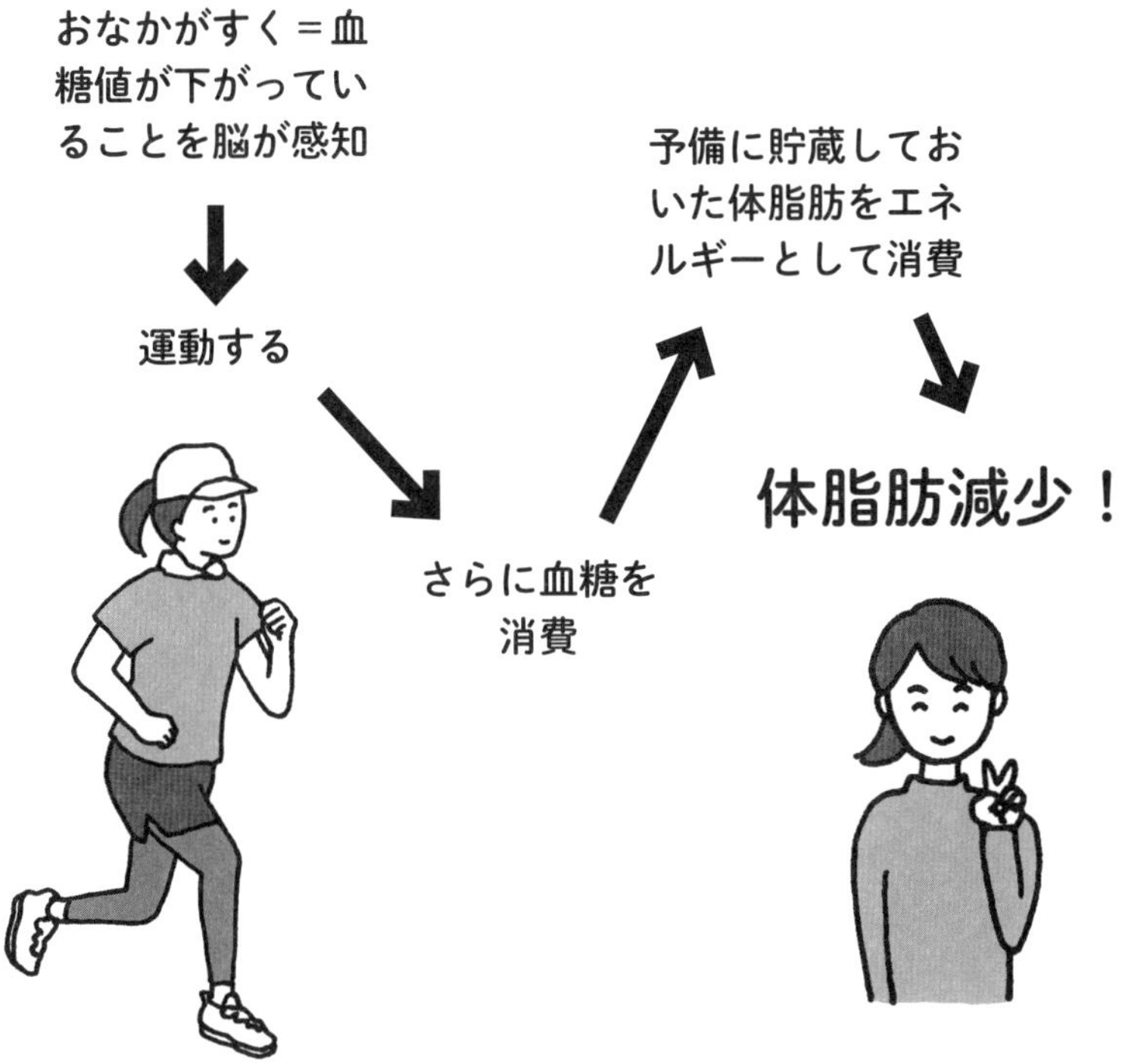

カロリー消費＋食欲抑制でダブルの効果

可能なら、20分程度の「ジョギング」などをするといいのですが、ジョギング代わりの「その場ダッシュ」や「高速もも上げ」、軽い「スクワット」（→110p）などの筋トレ、ストレッチでもOK。なるべく夕食の前にからだを動かすといいですね。

カロリー消費＋食欲抑制で、ダイエットに効果ありです。ぜひ試してみてください。

運動した後の食事は、摂取した栄養が運動で使われた筋肉の補修に使われることが多いので、食べた栄養が脂肪になりにくいとも言われています。

ただし、空腹のまま極端に激しい運動は危険です。

イチ押しエクササイズは「スクワット」

- 太ももを鍛えることで燃焼しやすいからだに
- 無酸素運動のなかでも効果がとくに高い
- 筋肉量を増やして、からだを温める

効果が高い筋トレと言えばスクワット

筋肉量を増やすためのエクササイズのなかでもおすすめNo.1は、「スクワット」。太もも、おしり、内またなどの下半身の筋肉を一度に鍛えることができます。

無酸素運動なので消費カロリーは多くありませんが、筋肉量を確実に増やすことで燃焼しやすいからだになります。

筋肉が大きい下半身を鍛えることで、おなか周り、全身の引き締め効果、太りにくいからだづくりが望めます。

らくらくスクワットのやり方

①両手を揃えて前に伸ばす。背すじを伸ばして立ち、息を吸いながらゆっくり胸を張った状態で腰を沈め、ひざをできるところまで曲げる

②ひざがつま先よりも前に出ないように注意（おしりを突き出すイメージで）。きつい場合は机や椅子につかまってもOK。おしりの下に低い椅子を置き、おしりが触れたら上がるようにすれば安心。息を吐きながら、ゆっくりとひざを伸ばして元の姿勢に戻る

無理せず、段階的に回数を増やして

まずは、1日10回からはじめてみましょう。ひざを曲げるときに息を吸い、伸ばすときに吐くのが基本ですが、意識が呼吸に集中すると肝心の動作がおろそかになるので、最初は呼吸のことはあまり気にせずに。たとえば朝行うなら、歯磨きしながら、朝ドラを見ながらでもOK。

慣れてきたら、朝昼晩10回ずつ、1日30回が理想です。昼に時間が取れないときには朝晩15回ずつでもかまいません。

毎日続けられるなら、また30回が楽にこなせるのなら、もっと回数を増やしてもいいですね。

●「フラミンゴ体操」で締まったボディに

- 片足立ちで気分は「フラミンゴ」体操
- 見た目以上に負荷大のつま先立ち体操
- もも上げ運動のポイントは背筋まっすぐ

すき間時間に下半身を鍛える運動

ここでは、無酸素運動のなかでもとくに簡単で効果の高い下半身の「ながらエクササイズ」をいくつか紹介します。

どこでも、すぐにできるエクササイズなので、家事や仕事のすき間時間に「ちょっとつらいな」と感じるところまでがんばってやると効果的です。

どのエクササイズも短時間でできるので、慣れてきたら1日での回数、一度に行う回数を増やしましょう。継続することで、ポカポカ体質になりますよ。

フラミンゴ体操

フラミンゴのように片足で立ち、１分間キープする。左右の足を替えてもう１分。ふらふらして倒れそうなときには、手を壁や椅子の背などに添えてこらえる

簡単だから だれにでもできる

「フラミンゴ体操」は左右1分間ずつ、片足立ちするだけの体操。筋肉とともに骨も鍛えられます。ちなみにそれだけで足のつけ根の骨に対し、約50分間のウォーキングと同じ負荷がかかります。

「つま先立ち体操（かかと上下運動）」は、かかとを上げたり下げたりするだけ。ふくらはぎの筋肉が鍛えられ、血流改善でからだが温まり、痩せやすい体質に。できるだけ高く上げるのがポイントです。

太ももを鍛える「もも上げ運動」も簡単で高い効果が望めます。

つま先立ち体操

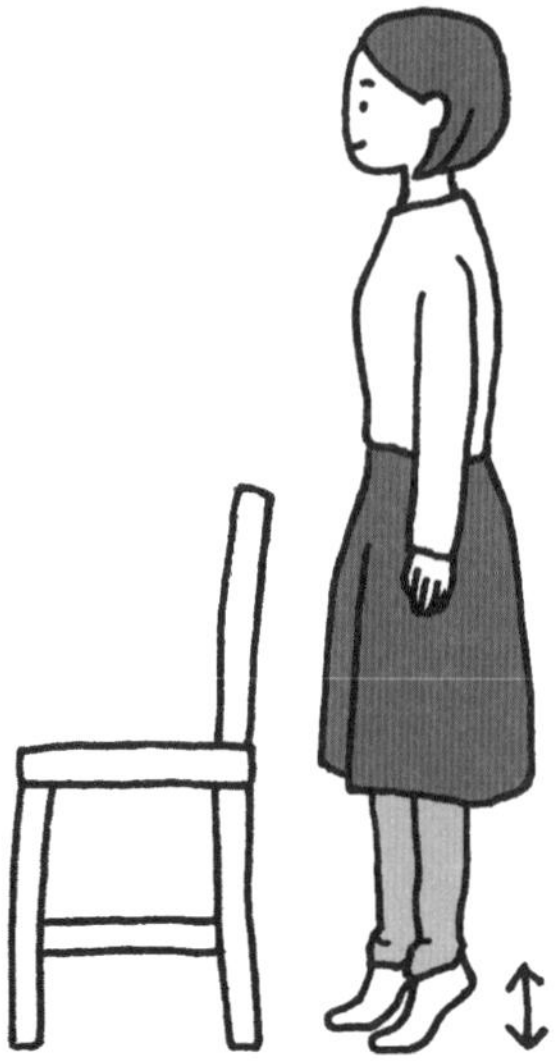

両足を肩幅くらいに開いてまっすぐ立つ。転倒防止に椅子や壁などにいつでも手を添えられる位置に立つ。目線は前、その場でかかとをグッと上げ、ゆっくり下げる。10回で1セットとし、5～10セットを目標に繰り返す

ツイスト体操

おなかを意識して手足を逆向きに左右にリズミカルにひねる。左右1回として、30回繰り返す

もも上げ運動

背筋をまっすぐ伸ばし、片足ずつ太ももを胸につけるようなイメージで引き上げる。腕で足を抱えても OK。前屈みにならないように気をつけて。左右交互に各 10 回を 3 〜 10 セットが目安

後ろ蹴り出し運動

椅子に手を添え、まっすぐに立った状態で、グラグラしないようにおなかを意識し、片足を後ろに蹴り上げる。左足10回、右足 10 回を 2 セット行う

椅子に座ったままエクササイズ

- 呼吸を意識して行う**ひねり腹式呼吸**
- **座りひざ伸ばし**で筋力をつける
- インナーマッスルを**静止状態で鍛える**

立って運動できないときもこれならできる

　立ったり、横になったりせず、椅子に座ったままでできる運動があります。まずは、「正しい姿勢で座る」こと。椅子に深く腰掛け、骨盤を立て、背中を伸ばします。きれいな姿勢を保つのは、それだけで多くの筋肉を使います。下垂してしまった内臓をあるべき位置に戻し、血行やリンパの流れをよくし、基礎代謝もアップします。

　そのうえで、椅子に座ったままできるエクササイズをいくつか紹介しましょう。

　たとえば、「ひねり腹式呼吸」。ぽっこりお

ひねり腹式呼吸

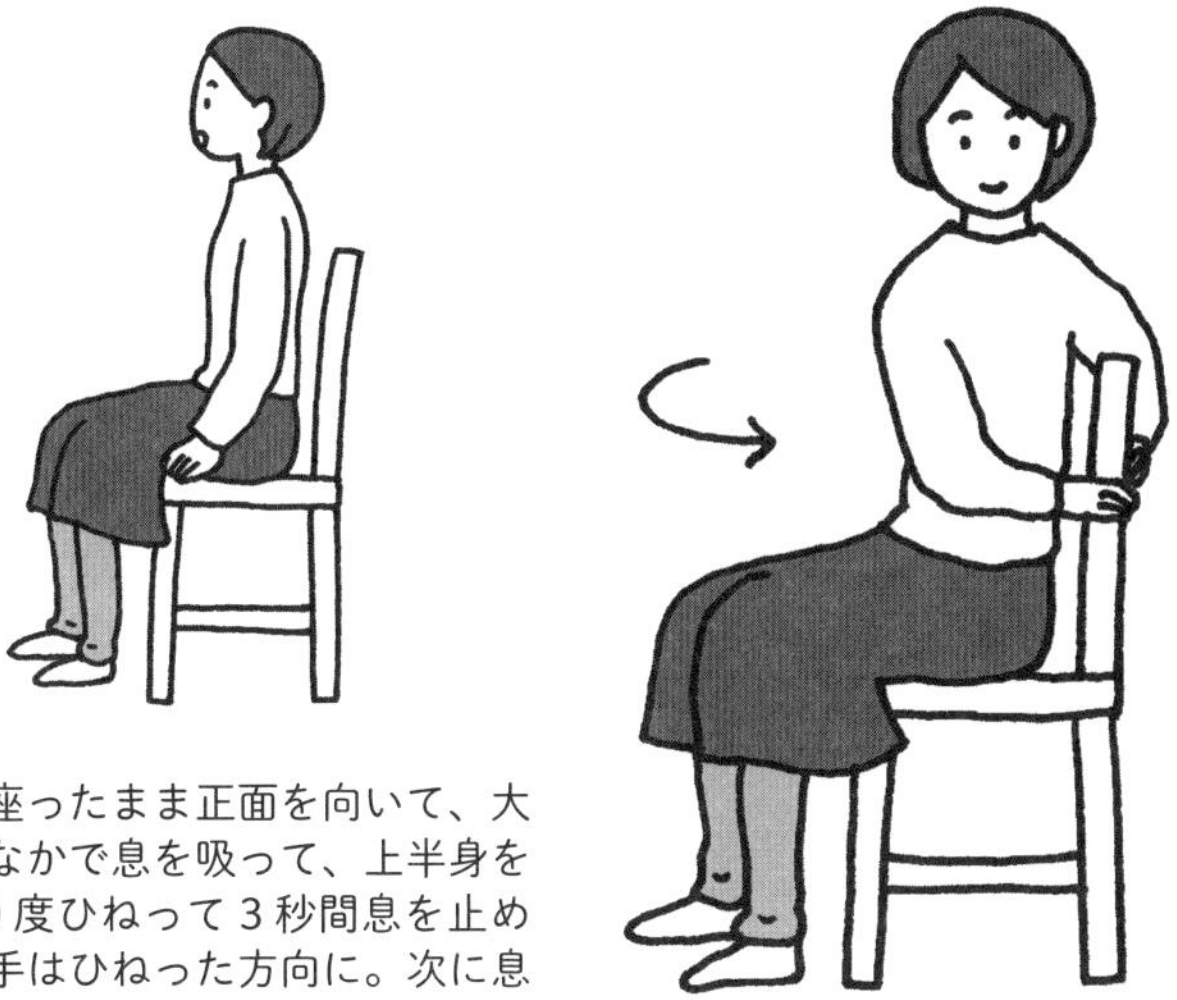

椅子に座ったまま正面を向いて、大きくおなかで息を吸って、上半身を右に 90 度ひねって 3 秒間息を止める。両手はひねった方向に。次に息を吐きながら正面に戻る。これを、左右交互に 3 回ずつ繰り返す

なかの引き締め、くびれづくりに役立ちます。

「座りひざ伸ばし」は、テレビを見ながらでもできる簡単な運動ですが、体が温まり、じんわり汗も出てきます。

動かずに力を入れるだけの静かな筋トレ

筋トレは、負荷を掛けることで筋肉量を増やす運動ですが、動かず力を込めて静止する運動方法があります。

「静かな筋トレ」と言われるこの方法は、筋肉や関節への負担があまりかからないので、無理せず続けることができます。

静止している時間は7秒間。鍛えることが難しいインナーマッスルにも効果を発揮します。椅子に座ったまま簡単にできる3つの静止運動を紹介します。

座りひざ伸ばし

椅子に座ってひざから下を、前
にまっすぐ伸ばしては下ろす。
左右を交互に 30 回ずつ行う

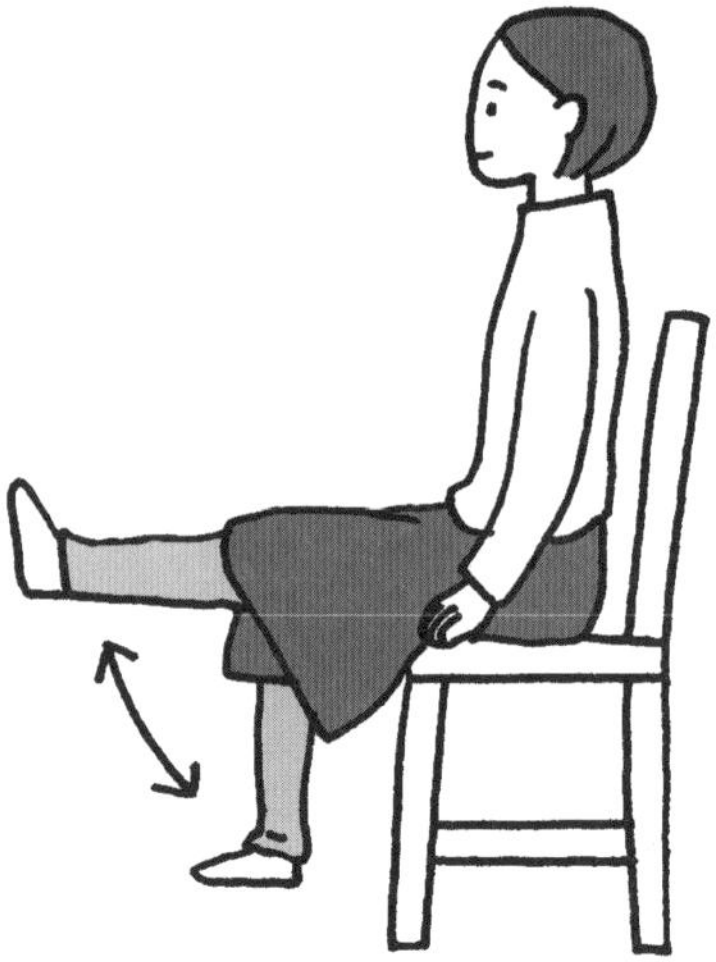

座りひざ伸ばしプラス

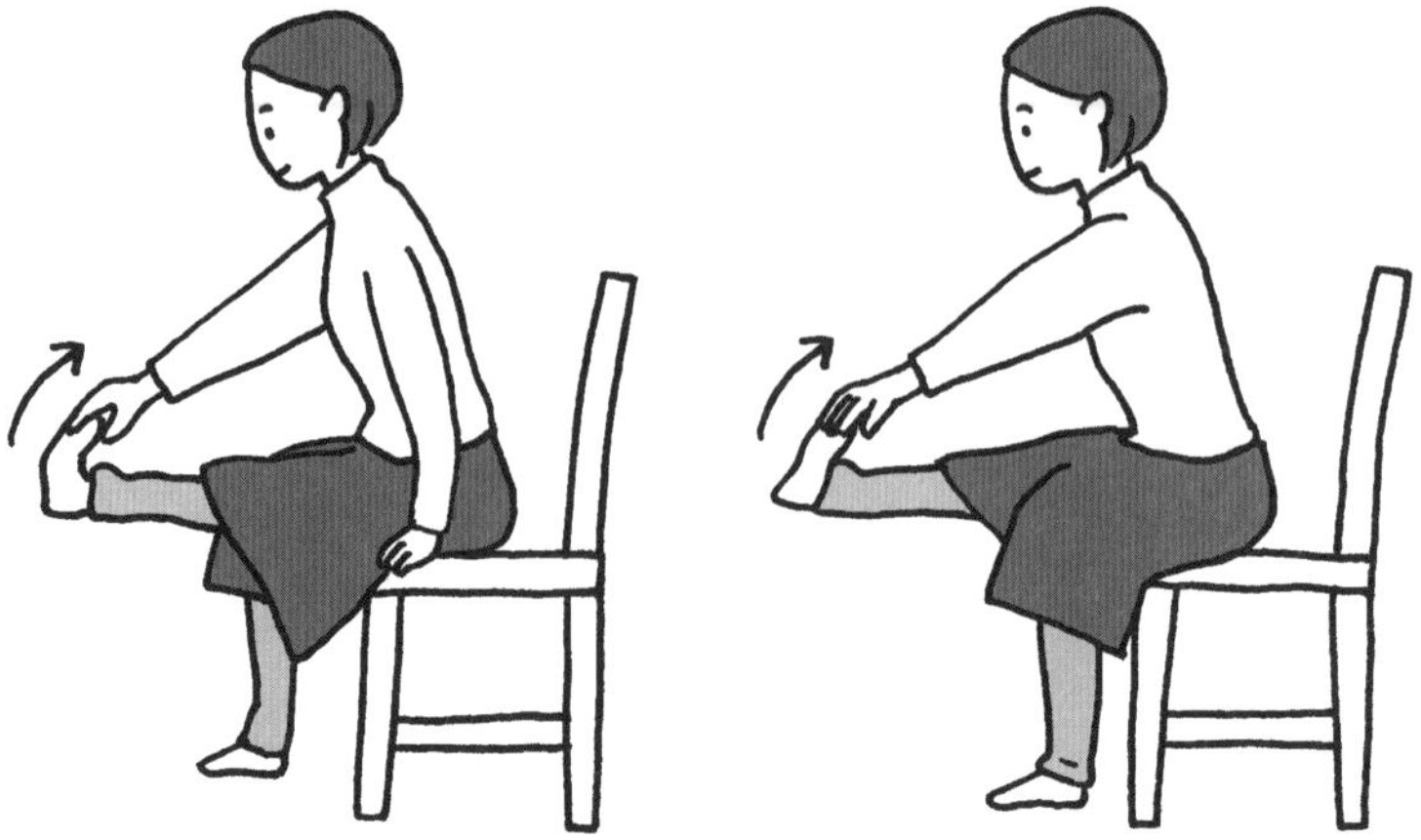

ひざを伸ばしたときにかかとを立て、つま先をできるだけ自分のほう
へ寄せる。右足を上げたときにはつま先を左手で、左足のつま先を右
手で触れるようにすると、運動効果がさらにアップ。左右10回ずつ行う

座ったままできる静止運動

① 背筋を伸ばして椅子に座り、片足ずつ両腕でひざを抱え、胸に近づける。そのまま7秒キープ。左右交互に4回ずつ行う

② 背筋を伸ばして椅子に座り、両ひざをぴったりそろえ、床から足を数cm浮かせ、7秒キープ。4回行う

③ 背筋を伸ばして椅子に座り、右手と右足を同時に上げ、そのまま7秒キープ。手の高さは顔あたり、足は床から20cmほど上げ、終わったら左へ。左右4セットが目安

CM見ながらエクササイズ!

- 「腕立て伏せ」ほどきつくない
  静止してやる**腕立て**
- 血流がアップする
  手足ぶらぶら体操
- デトックス効果が高い
  4の字ひねり

大事なのはコツコツ続けること

テレビを見ながらでもできる筋トレもあります。「コマーシャルの間はエクササイズ時間」などと決めて行うのはいかがでしょう。

運動で大事なのは、続けること。継続的に運動すれば代謝が上がり、筋力不足や冷えが解消されます。

すき間時間に床で簡単運動

前項目で紹介した静止して7秒間力を入れる「静止運動」の一つが、伏せない「腕立て」

腕立て

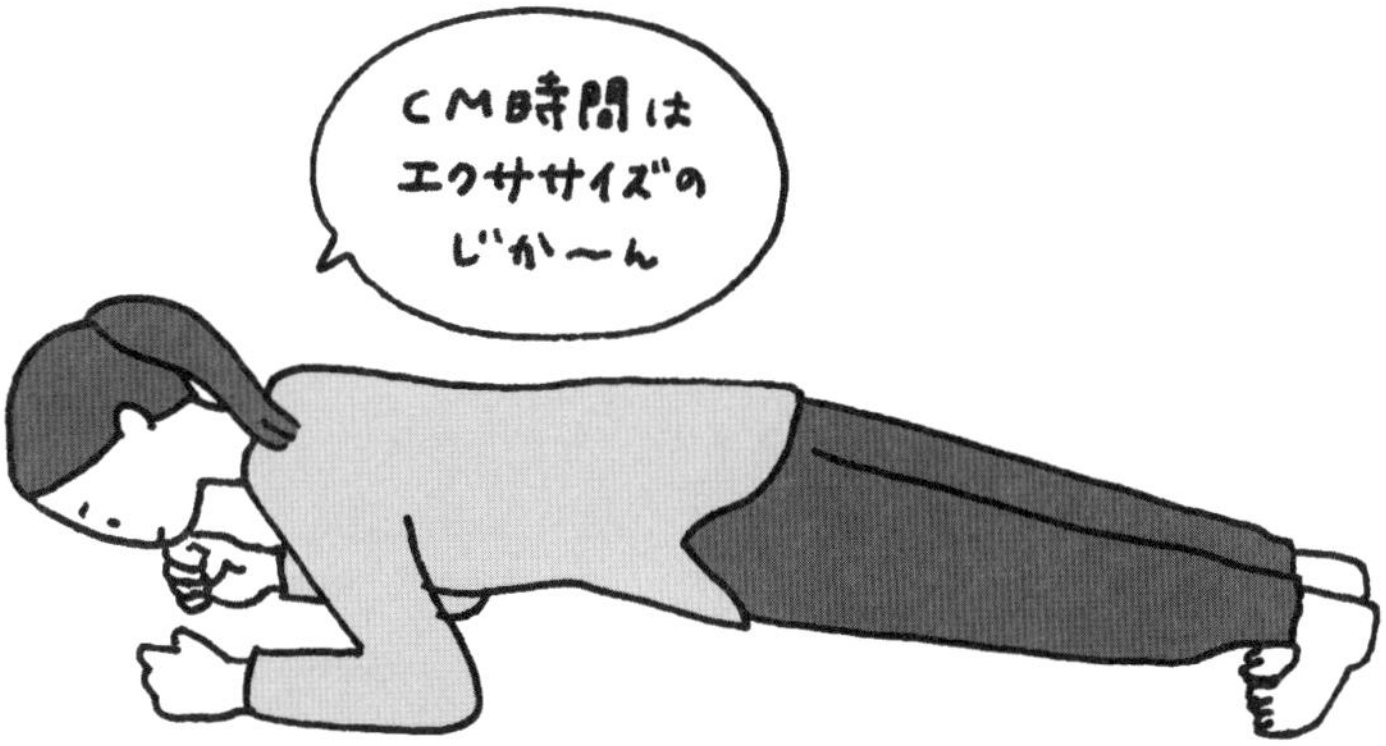

うつぶせになり、両ひじとつま先でからだを支える。
頭から足まで一直線になるようにして７秒キープ。
５セットが目安。腰が浮いたり、逆に沈んだりすると効果が下がってしまうので注意

です。「腕立て伏せ」ほどきつくなく、だれでも簡単に、効果的にインナーマッスルを鍛えることができます。「プランク」というトレーニングと同じ姿勢になります。

腕立ての姿勢から少し運動を発展させて続けるのもいいですね。ひじが曲がらないように片手を前方向に伸ばし、反対側の足を後ろにひざが曲がらないように伸ばします。伸ばした手足はできるだけ平行になるようにしましょう。

「手足ぶらぶら体操」はストレッチです。筋肉が収縮して血流が悪くなっている状態をすっきり解消できます。

「４の字ひねり」は足を床に伸ばして上半身をひねる運動。デトックス効果があり、からだを流れる血液がきれいになるストレッチです。

足「ハの字」体操

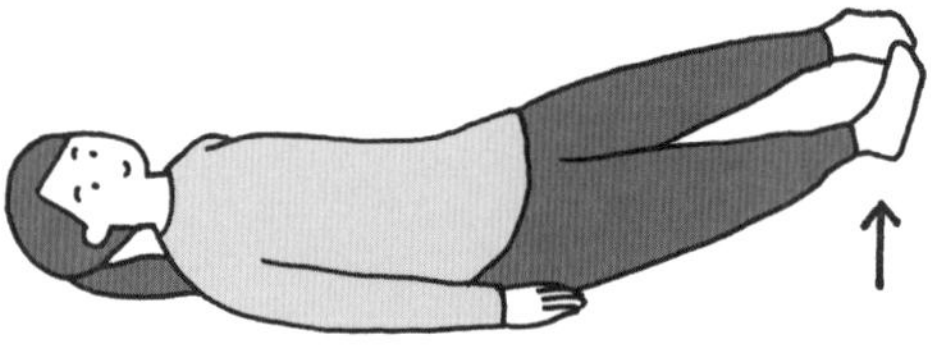

① 仰向けに寝て、両手は下げたまま、両足を床から30センチほど上げ、肩幅程度に広げる。その高さをキープしたまま、かかとを「ハの字」になるように外に向ける

② 次はつま先が外側に向くように広げ「逆ハの字」をつくる。広げて閉じてをテンポよく1～2分ほど行う

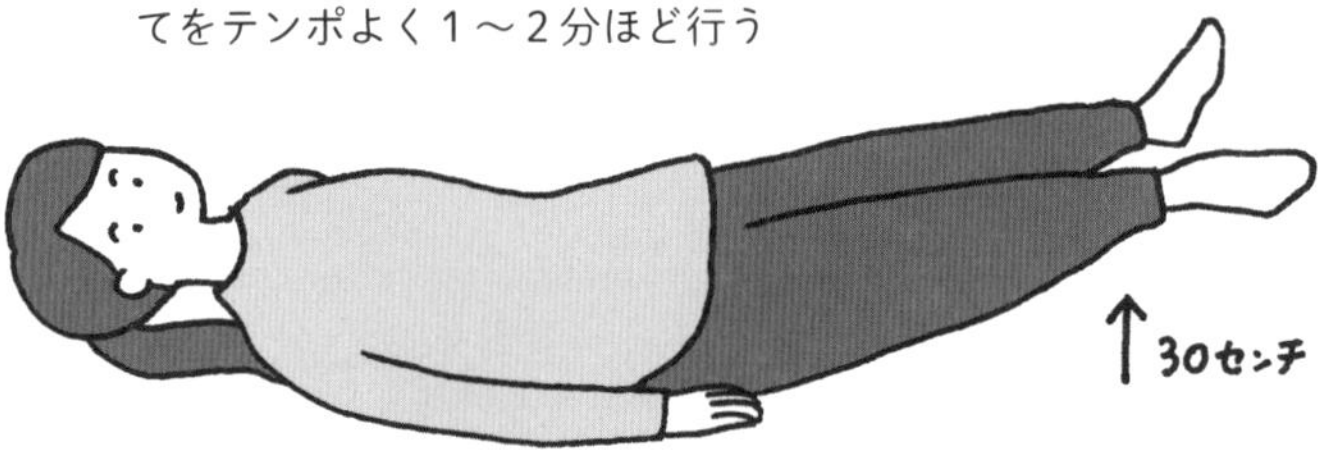

手足ぶらぶら体操

① 仰向けに寝て、両手、両足を垂直に上げる

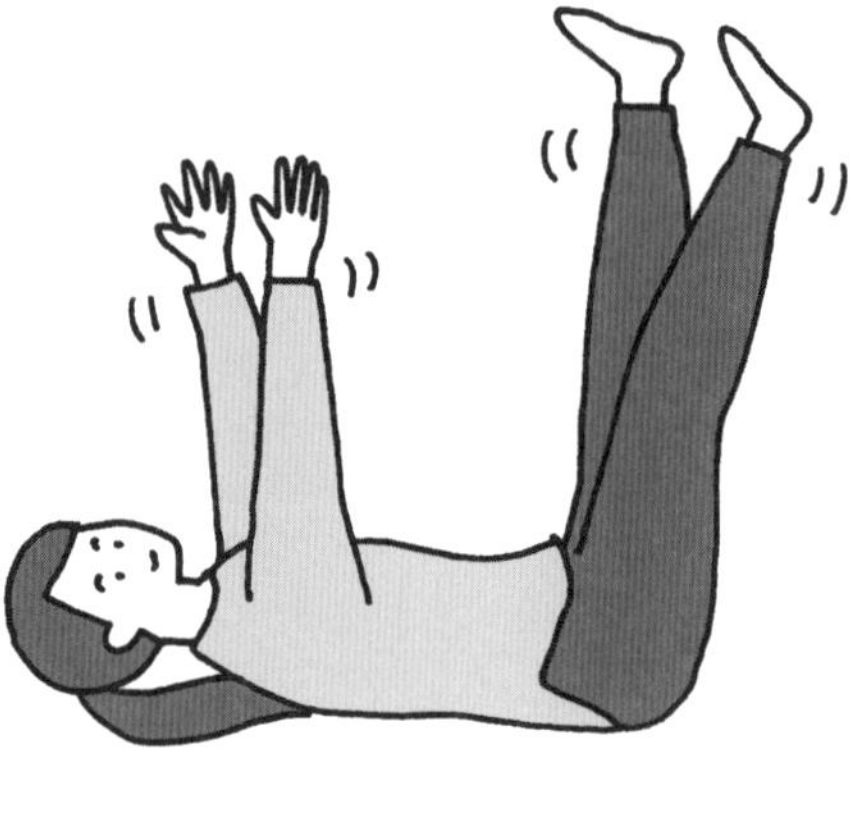

② そのまま両手、両足をぶらぶらと揺らす。これを1分ほど続ける

4の字ひねり

①足を伸ばして床に座り、両手は後ろの床につける。背筋を伸ばし、左足のひざを立て、右ひざの外側にもってきてクロスさせる

②立てている左足のひざに右ひじをあて、押しながら上半身を左にひねる。床についている左手が曲がらないように気をつけて、10 秒キープ

③左右の足を入れ替えて、同じようにひねり、10 秒キープ。それぞれ 5 〜 10 回ほどが目標

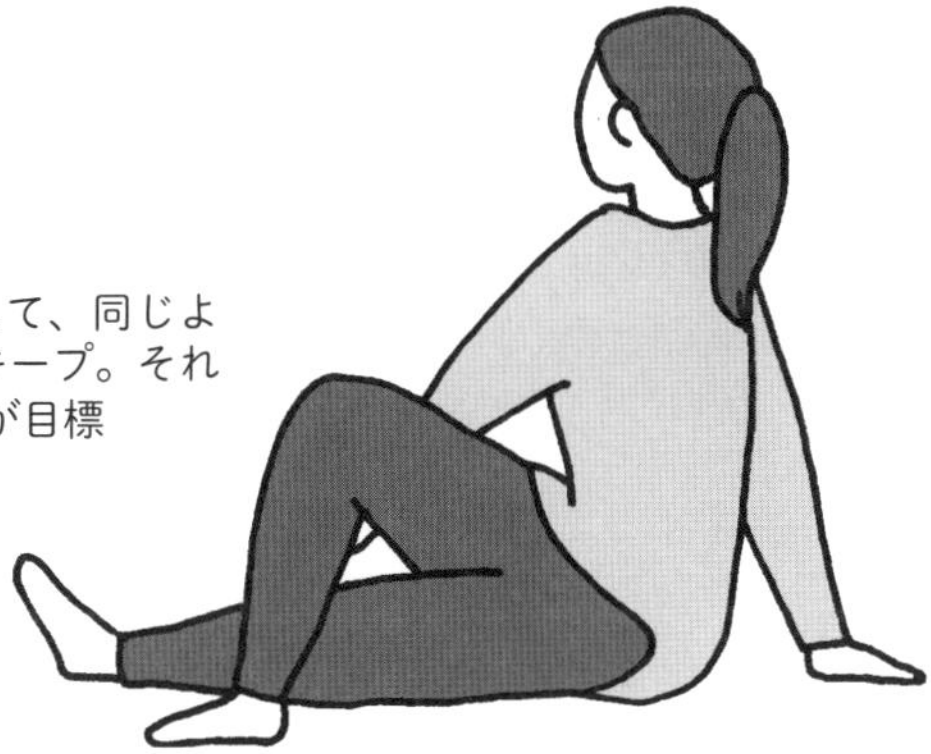

●上半身の重みを利用してシェイプアップ

- 地味だけど効果大の**おしり歩き**
- **腸を刺激して**痩せやすいからだづくり
- うれしい**ウエスト引き締め効果も**

器具を使わず自分の重みを利用する

器具を使わず、部屋のなかでやるおすすめエクササイズの一つが「おしり歩き」です。移動をともなうので、ちょっとだけスペースが必要ですが、１日３分程度を毎日続けると、少しずつインナーマッスルが強化され、代謝が改善し、痩せやすいからだになります。

上半身の重みを利用して、とくに骨盤周りの筋肉を使うので、腰回りやウエスト、ヒップの引き締めに効果的です。音楽を聴きながらリズミカルにやるのもいいですね。

おしり歩き

①両足を伸ばして床に座る。背筋を伸ばし、前方を見る

②腰を前後に動かしながら、両腕をふり、おしりで歩くように前に進む

③後ろ歩きでもOK。前進10歩、後退10歩、1回3セットを目安に

インナーマッスルの強化でいいこといろいろ

インナーマッスル、つまり「体幹」に効くということは、おなかの深部の筋肉を使うので、血行がよくなり、冷え改善にも役立ちます。

さらに、おなかの刺激で腸の働きが活発になり、ぽっこりおなかや便秘解消にもいいと、うれしい効果がたくさんあるエクササイズなのです。

通常のやり方に慣れてきたら、少し負荷を上げてみてもいいですね。回数や頻度を増やすのもいいのですが、腕の位置を変えるだけでも進みづらくなり、より負荷がかかります。ふっていた両腕を腰のあたりで組んだり、両腕を床と平行に前に伸ばしたりして進みます。ぜひ、試してみてください。

ベッドの上でおなかにも効くストレッチ

- 朝は全身のストレッチで
  からだにスイッチ
- 夜のストレッチで
  心身ともにリラックス
- 内臓の働きがよくなる
  ガス抜き、猫のポーズ

ストレッチは朝晩の2回がおすすめ

　ストレッチで筋肉や関節がほぐれると、血流がよくなり、からだが温まります。脂肪の燃焼が促進されてダイエットにも効果的。さらに、ストレッチを続けると、内臓が正常な位置に戻り、その働きがよくなります。

　寝る前のストレッチがいい習慣だというのはご存じの方も多いのではないでしょうか。でも、できれば朝もやりましょう。スムーズにからだを目覚めさせるためには、ストレッチで筋肉を刺激してあげるのがいちばんなのです。寝る姿勢によってはからだのどこかを圧迫し、血流やリンパの流れが悪くなっていることもあります。そこで朝からだをゆっくり伸ばすことで、血流を促し、からだを温めることが可能です。

からだが硬い状態で急に動いたときに起こる痛みなども減らせます。

寝る前、起きたときに ベッドやふとんの上で

とはいえ、朝は忙しいし、夜寝る前にあまり時間のかかる動き、激しい動きは避けたいですね。

ベッドやふとんの上でできるストレッチをいくつか紹介します。朝ストレッチで交感神経を刺激し、夜ストレッチで心身をリラックス、朝晩2回のストレッチを日課にしましょう。お風呂上がりもおすすめです。

全身のストレッチ

仰向けになり、両手は「バンザイ」の状態で、全身を思い切りグーッと伸ばす。その後、一気に脱力する。これを数回繰り返す

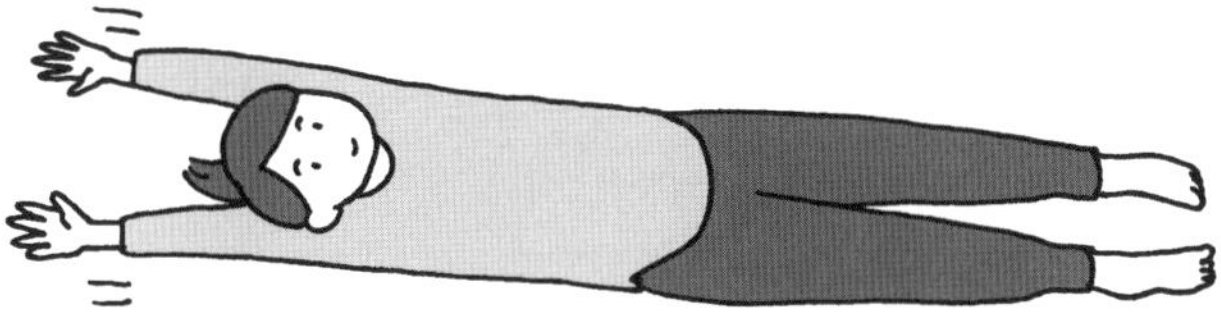

片手片足伸ばし

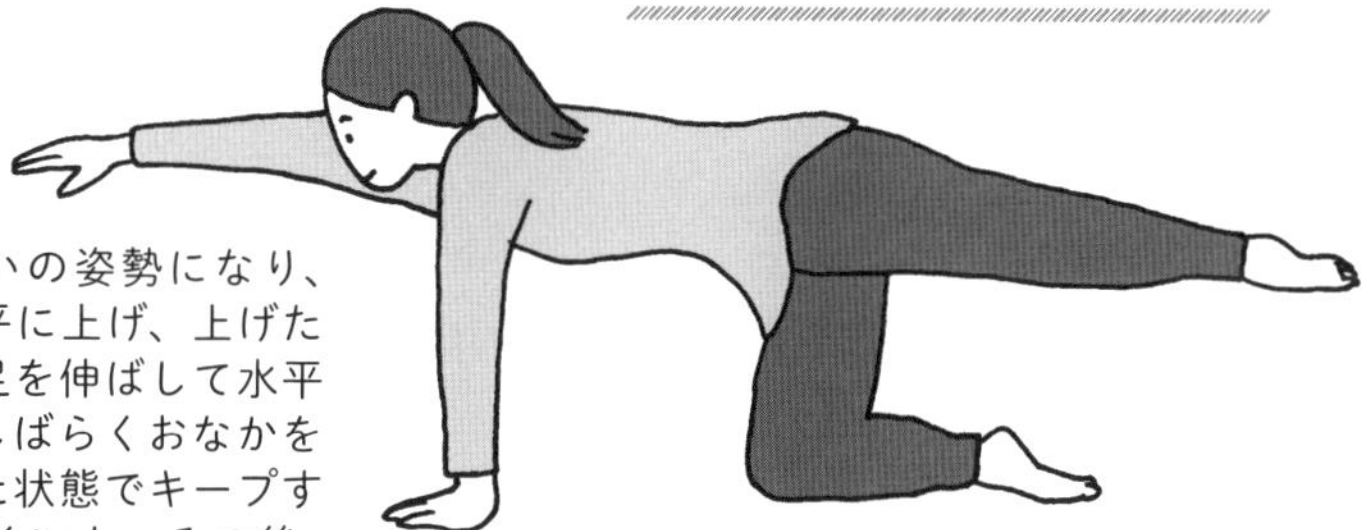

四つんばいの姿勢になり、片手を水平に上げ、上げた手と逆の足を伸ばして水平にする。しばらくおなかをへこませた状態でキープするのがポイント。その後、反対の手と足で行う

股関節のストレッチ

① 座った姿勢でひざを曲げ、両方の足の裏を合わせる。両手で足をつかむ

② そのままの姿勢で上体をできるだけ前方に倒す。両ひざが床につくようなイメージで。4～5回繰り返す

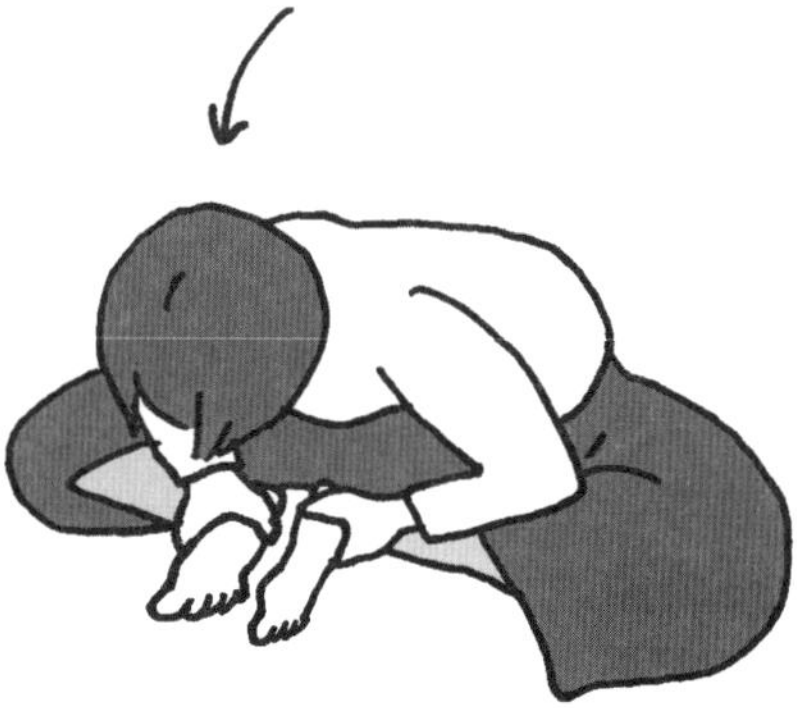

脇腹を伸ばすストレッチ

① 仰向けに大の字になる

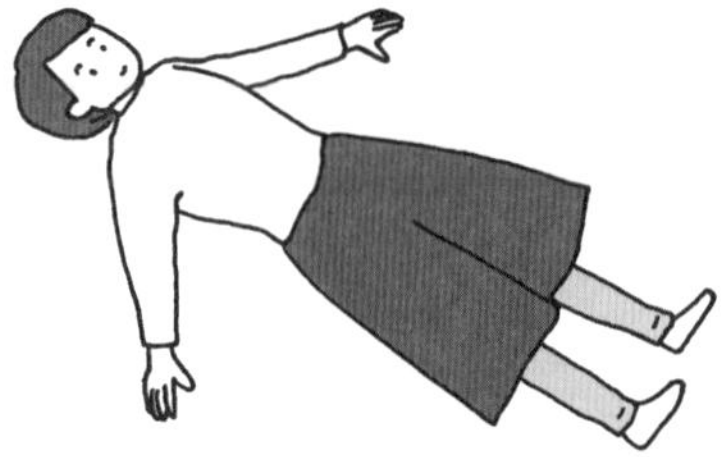

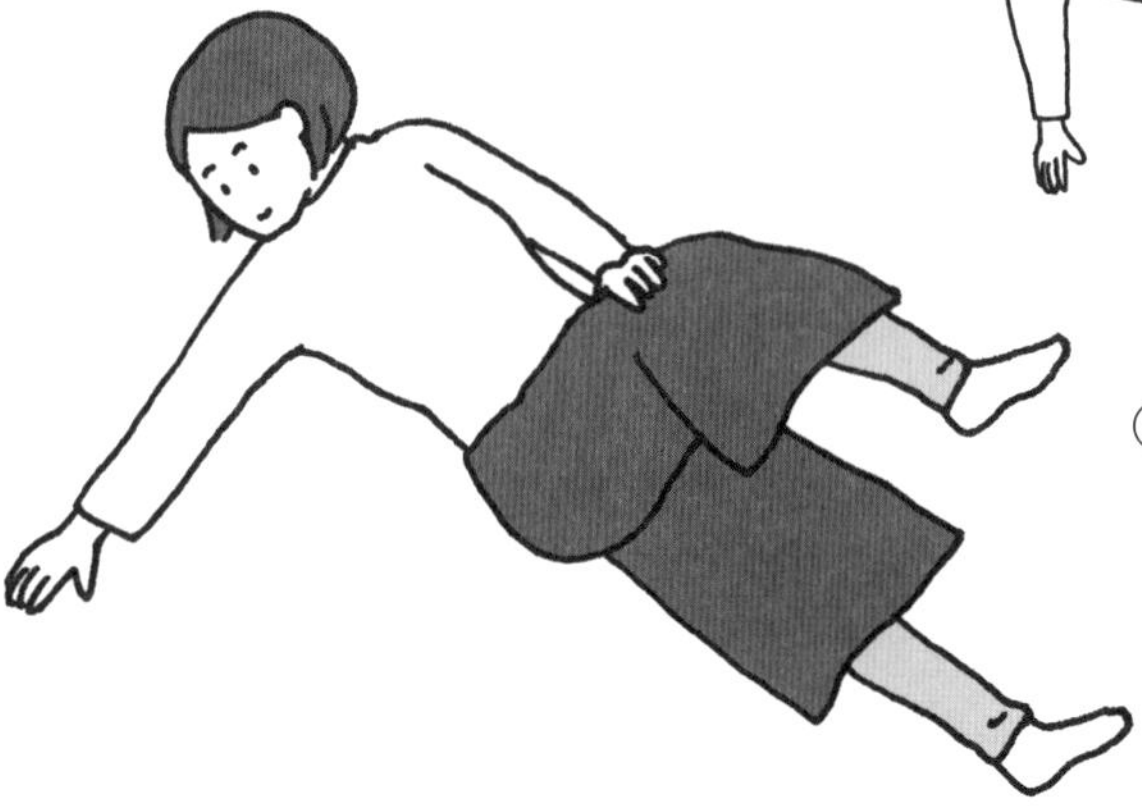

② 右ひざを曲げたら、左手を添え、息を吐きながら内側に倒す。顔は反対側を見るイメージで。10秒キープ。左側も同じように。左右5セットが目安

前ももを伸ばすストレッチ

① 正座した状態から、息を吐きながら、上半身を後ろにゆっくり倒す

② 両腕は耳につけ、両ひざが離れないように意識する。深く息をし、30 秒キープ。このポーズがむずかしい人は、上半身の下にクッションを入れたり、片足をのばして行ってもOK

ひざを抱える（ガス抜きの）ポーズ

① 仰向けになる。右ひざを両腕で抱え、息を吐きながら 10 秒キープ。終わったら左側の足も同様に行う。左右 5 セットが目安

② 両ひざを両手で抱えて、息を吐きながら胸に引き寄せ、上体を起こす。太ももは下腹に押しつけるイメージで。こちらのほうが①よりハード。できる方法で行う

背中を丸めたり反らしたりする（猫の）ポーズ

①四つんばいの姿勢をとる

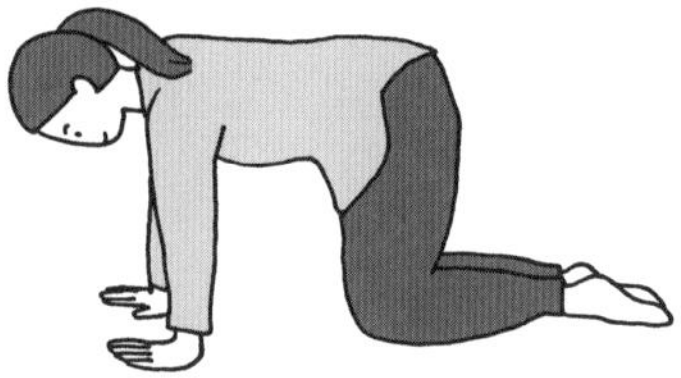

②そこから息を吐きながら、両手と両ひざの位置はそのままで、背中を丸めていく。猫が威嚇するときのようなイメージで。目でおへそを見ることを意識して、頭を下げる。10秒キープ

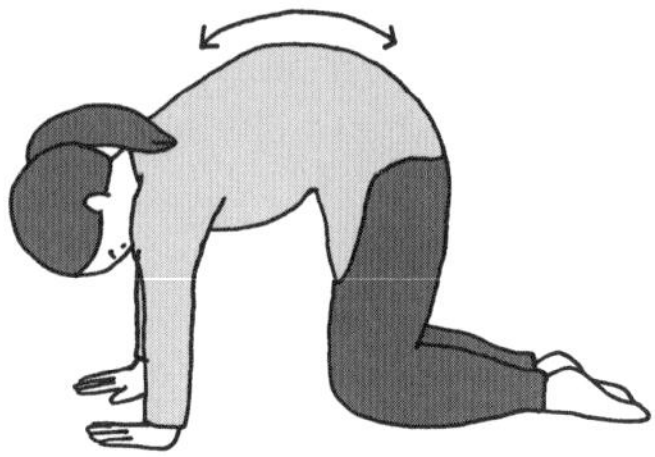

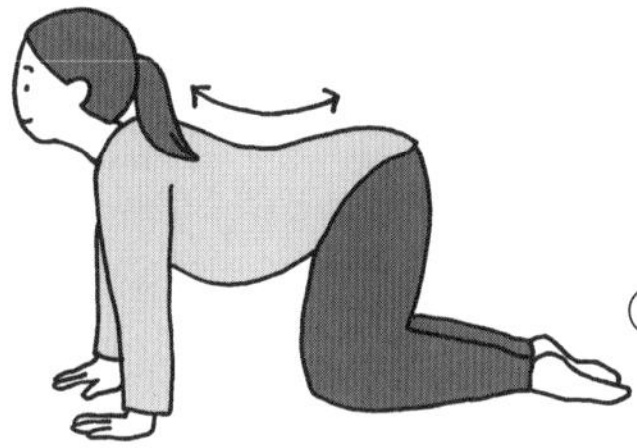

③息を吸いながら、ゆっくりと背中を反らす。おしりを天井のほうへ突き出すイメージで。胸を張り、目線は上に。10秒キープ。これを5～8回繰り返す

おしりを上げたり下げたりする（ブリッジの）ポーズ

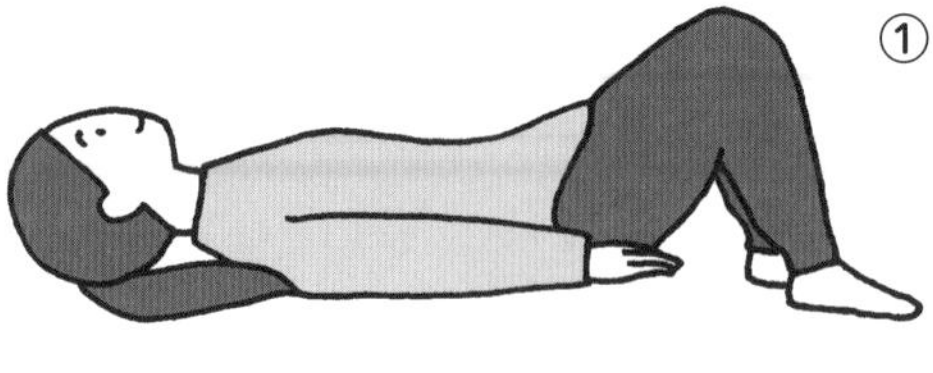

①仰向けに寝て、ひざを立て、両足を腰の幅に開く。かかとはできるだけおしりの近くへ。腕はからだの横に置く

②この状態でゆっくり息を吸いながら、おしりを上に持ち上げる。おへそを天井に向けるイメージで。10秒キープ。これを5～8回繰り返す

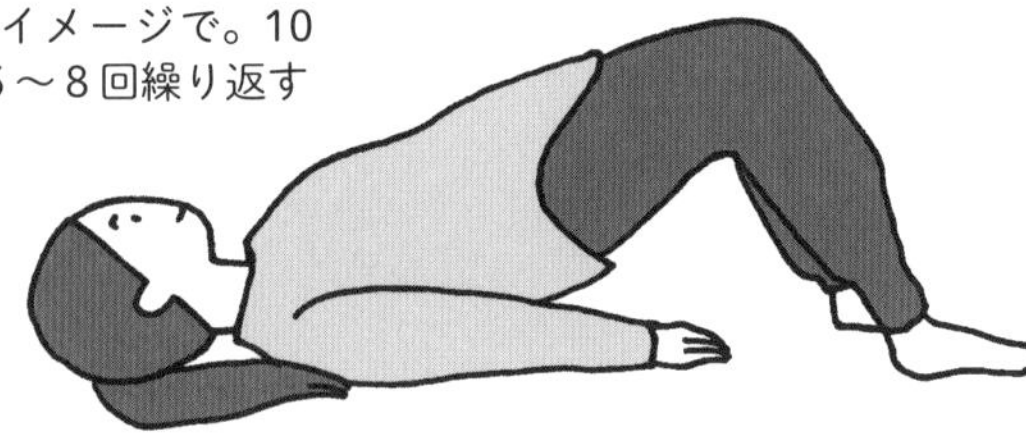

片足を踏み出し両腕を上げる（三日月の）ポーズ

① 片足を大きく前に踏み出し、真下にかかとが来るようにひざを曲げる。両手を頭上に高く上げる。ポーズを維持したまま、ゆっくり深呼吸し 10 秒キープ

② 反対の足に替え、さらに10秒キープ。できる人は背中を反らせ顔を上に向ける

腸揺らしから胸反らし（コブラの）ポーズ

① うつぶせからひじをついた状態で上半身を起こす

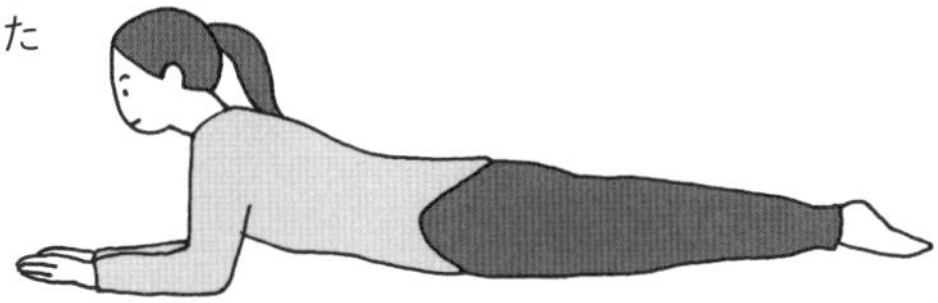

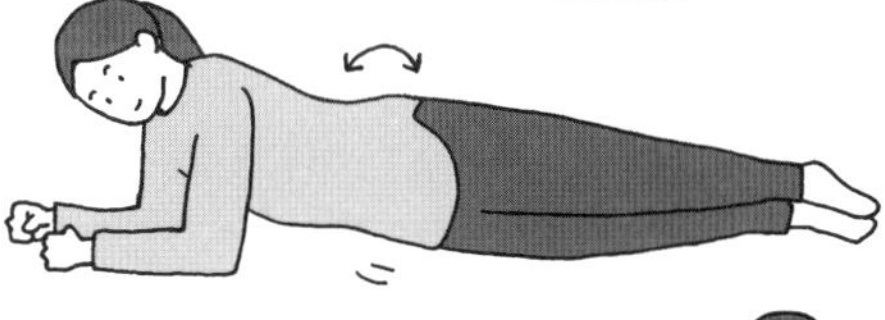

② 下半身の力を抜いて、その重みを利用して骨盤をごろんごろんと左右に大きく揺らすように動かす。30 秒ほど続ける

③ ひじを伸ばし、息を吸いながらゆっくりと胸を反らす。目線は上に。気持ちよく感じるところで静止したまま呼吸を5 回ほど繰り返す。息を吐きながらゆっくり元に戻す

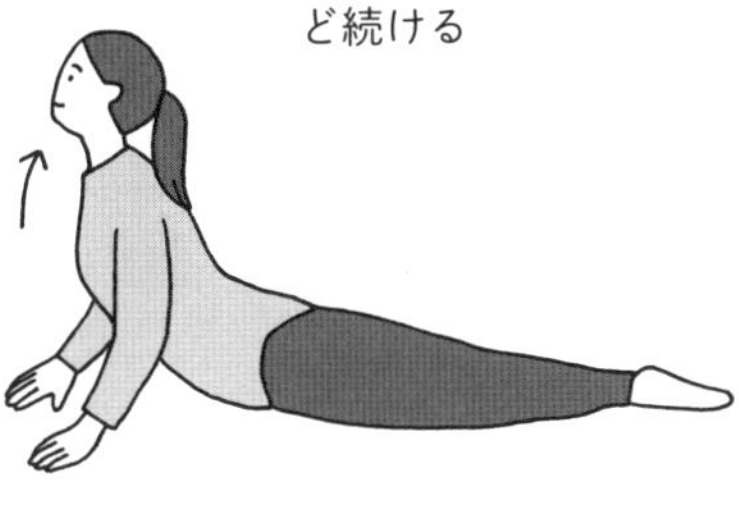

column

知っておきたい漢方薬❸

――ガスがたまる、おなかがゴロゴロ鳴るとき――

桂枝加芍薬湯（ケイシカシャクヤクトウ）

普段から胃腸の弱い人の下痢や便秘に用いられる古くからある漢方薬です。過敏性腸症候群の下痢や便秘に用いられることがあり、腸の過剰な蠕動《ぜんどう》運動や緊張を抑えて、改善をはかります。腹部の膨満感や、頻繁に便意をもよおすのに少ししか便が出ないしぶり腹にも有効です。

半夏瀉心湯（ハンゲシャシントウ）

半夏瀉心湯は、胃腸の不調に広く用いられます。

おなかがゴロゴロ鳴って下痢がち、食欲不振、みぞおちのつかえ感があるといった人に向く漢方薬です。神経性胃炎や神経症などのストレス性の症状にとくに効果的とされています。

付録 陽性食品レシピ

からだを温める陽性食品を使った料理を紹介します。
どれも簡単にできるレシピなので、量や材料などを
自分流にアレンジしてつくってみてください。

蒸ししょうが入り野菜スープ

材料（1人分）

○蒸ししょうが（→57p）…粉末小さじ1/2　○白菜…1枚の半分
○タマネギ…1/4個　○にんじん…1/8本　○しめじ…1/4パック
○だし汁…250mℓ　○塩…小さじ1/2　○コショウ…少々
○パセリ…みじん切り少々

❶ 白菜、タマネギ、にんじんは薄くスライス、しめじは根元を取ってほぐす
❷ 鍋にパセリ以外の材料を入れ、煮込む
❸ 煮上がったら、パセリのみじん切りを散らす

☆食欲がないようなときにもおすすめのスープ。からだがポカポカになる。野菜たっぷりなので食物繊維が摂れ、便秘にも効果がある

蒸ししょうが入りチャーハン

材料（1人分）

○じゃこ…50g　○小松菜…1/2株　○長ネギ…1/8本
○ごま油…少々　○ごはん…茶わん1杯
○蒸ししょうが（→ 57p）…粉末小さじ1/2
○しょうゆ…大さじ1/2　○酒…大さじ1/2

❶ じゃことみじん切りにした小松菜・長ネギをごま油でよく炒める

❷ ごはんと蒸ししょうがを加え、さらに炒めてしょうゆと酒で味を調える

☆ローカロリーでも元気が出るごはん。蒸ししょうがとごま油の香りは、二日酔いのようなときにもおすすめ

簡単！ 保温水筒を使った煮あずき

材料 ○300㎖の保温水筒に対して、あずき大さじ２が目安。水筒のサイズに合わせて調整する

❶ あずきをボウルに入れ、一晩水につけておく

❷ ❶のあずきをざるに上げ、水洗いをして水気を切り、水筒に入れる

❸ 熱湯を注ぎ、３分おいたら一度お湯を捨て、再び熱湯を注ぐ

❹ フタをして８時間おいたら完成（硬さが気になる場合は、鍋に移し弱火で好みの硬さになるまで煮て仕上げる）

☆筋肉がつきやすくなり、便秘改善効果もあるあずきは、おすすめ食材。あずきを煮る（→ 65p）のが面倒と思っている人も保温水筒を使えばほったらかしでOK

煮あずきからつくる塩あずき

材料 ○煮あずき…150g　○塩…小さじ 1/4

作り方：

煮あずきに塩を加えて弱火にかけ、全体を混ぜ合わせ、好みの硬さになったら火を止める。カレーなどの料理に活用して

煮あずきからつくる甘あずき

材料 ○煮あずき…150g　○きび砂糖…125 ～ 150g
○塩…ひとつまみ

作り方：

煮あずきを弱火にかけ、砂糖を２～３回に分けて加え、好みの甘さと硬さに仕上げる。最後に塩を加えて全体を混ぜて火を止める。フタをして１時間ほど味をなじませるといい。そのままスウィーツとして

塩あずきのヘルシーハンバーグ

材料（1人分）

○木綿豆腐…1/4丁　○白ネギ…5cm
○塩あずき…1/4カップ　○合い挽き肉…80g
○片栗粉…大さじ1強　○塩…少々　○油…少々
○大根おろし・ブロッコリースプラウト・貝割れ大根など…各適量
○ポン酢…適量

❶ 豆腐はざるに上げて軽く水を切り、ネギは粗みじん切りにする

❷ ボウルにあずき、挽き肉、豆腐、ネギ、片栗粉、塩を入れてよく混ぜ、小判型にまとめる

❸ フライパンを中強火にかけて油を熱し、❷を入れて焼く。焼き色がついたら裏返し、中弱火にして3～4分焼く

❹ 大根おろしなどをお好みで添え、ポン酢をかける

☆つなぎに木綿豆腐を使うことで、あっさりとした味わいの和風のハンバーグに

オクラとアボカドのヨーグルトみそ汁

材料（1人分）

○オクラ…3本　○アボカド…1/4個　○冷たいだし汁…1/2カップ
○みそ…小さじ1　○プレーンヨーグルト（無糖）…大さじ1　○粗挽きコショウ…少々

❶ オクラはヘタを除いて薄切りに、アボカドは皮と種を除いて乱切りにする

❷ ボウルにだし汁を入れてみそを溶き入れ、ヨーグルトと❶を加えて混ぜる

❸ 器に❷を盛り、粗挽きコショウをふる

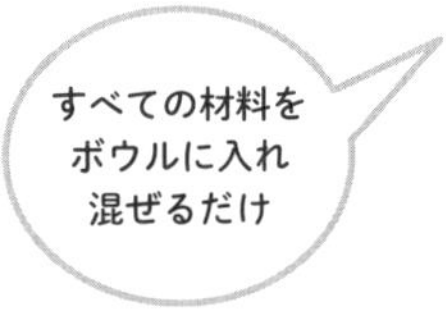

☆善玉菌がたっぷりのヨーグルトと食物繊維がたっぷりのオクラ、アボカドを合わせてみそ汁に

タケノコとニラのキムチみそ汁

材料（1人分）

○水煮タケノコ…50g　○ニラ…20g　○白菜キムチ…30g
○だし汁…1カップ　○みそ…小さじ1　○ごま油…小さじ1/2

❶ タケノコの穂先はくし形切り、根元はいちょう切りにする。ニラ、白菜キムチは3～4cmの長さに切る

❷ 鍋にだし汁を入れて中火にかけ、煮立ったら❶を入れる

❸ みそを溶き入れ、ひと煮たちしたらごま油を回し入れて火を止める

☆食物繊維に、キムチとみその発酵食品の組み合わせで腸がスッキリ、便秘時にも

たらのおからミルク煮がけ

材料（1人分）

○たら…1切れ　○塩・コショウ…各少々　○小麦粉…適量
○タマネギ…1/8個　○エリンギ…小1本
○サラダ油…小さじ1　○バター…5g　○ミニトマト…2個

🄰甘酒…大さじ1、顆粒コンソメ…小さじ1/2、牛乳…100mℓ、
塩・コショウ…各少々

○生おから…30g　○水溶き片栗粉…小さじ1　○パセリ…適量

❶ たらは塩・コショウを振り、小麦粉をまぶしておく

❷ タマネギ、エリンギは粗みじん切りにする

❸ フライパンにサラダ油を入れて中火で熱し、❶を両面焼いて深皿に盛る

❹ ❸のフライパンにバター、❷を入れて中火で炒める。タマネギが透き通ったら、ミニトマトと🄰、生おからをほぐしながら加える

❺ ヘラで混ぜながら中火で加熱し、沸騰したら水溶き片栗粉でとろみをつける

❻ ❸に❺をかけ、みじん切りにしたパセリをちらす

☆甘酒を使った腸内環境改善レシピ。たんぱく質と食物繊維でおなかがスッキリ、粘膜も強化

おわりに

毎日の飲食、習慣、運動を見直し、ダイエットのために取り入れた腸を温める生活が、実は本来の健康なからだを取り戻す生活であることを私自身が身をもって経験しました。効果の出方は、人それぞれ。あせらずコツコツ、毎日続け、習慣化してしまうことが大切です。

自身の健康が社会の役に立つことがわかった今、自分のからだの声にしっかり耳を傾けてみましょう。本書が、少しでも読者の皆さまの健康ダイエットの手助けになれば幸いです。

●参考文献リスト

『オトナ女子の不調をなくすカラダにいいこと大全』小池弘人監修　サンクチュアリ出版
『体は冷えるから太る』石原新菜　青萠堂
『病気にならない　蒸しショウガ健康法』石原新菜　アスコム健康BOOKS
『1週間で体が変わる「温め美人」生活』石原新菜　三笠書房
『やせる、不調が消える　読む冷えとり』石原新菜　主婦の友社
『オトナ女子の不調がみるみる改善する本』石原新菜　徳間書店
『冷えタイプ別!これが正しい「冷えとり術」』石原新菜　宝島社
『石原結實＆石原新菜式「冷え」をとれば女性の不調・病気は治る!』石原新菜著、石原結實監修　宝島社

石原新菜（いしはら・にいな）

医師・イシハラクリニック副院長。ヒポクラティック・サナトリウム副施設長。1980年、長崎県生まれ。小学2年生までスイスで過ごし、その後、高校卒業まで静岡県伊東市で育つ。2006年3月帝京大学医学部卒業後、同大学病院の研修医となる。父・石原結實のクリニックで主に漢方医学、自然療法、食事療法により、さまざまな病気の治療にあたっている。女性視点を活かした女子の健康問題のわかりやすい医学解説と、親しみやすい人柄で、講演、テレビ、ラジオ、執筆活動と幅広く活躍中。13万部を超えるベストセラーとなった『病気にならない　蒸しショウガ健康法』をはじめ、『「体を温める」と子どもは病気にならない』『やせる、不調が消える　読む冷えとり』他、ダイエットや女性の冷えを治す著書も多数。韓国、香港、台湾、ベトナムでも翻訳され出版されている。本書では、〝肥満の原因は冷え太り〟を自ら克服した経験をもとに、とっておきの方法を初公開した。日本内科学会会員。日本東洋医学会会員。日本温泉気候物理医学会会員。二児の母。

バウエルダイエット

腸を整えて、ラクに痩せる！

2021年３月10日　第1刷発行

著 者
石原新菜

発行人
見城 徹

編集人
福島広司

編集者
鈴木恵美

発行所
株式会社 幻冬舎
〒151-0051 東京都渋谷区千駄ヶ谷 4-9-7
電話：03（5411）6211（編集）
03（5411）6222（営業）
振替 00120-8-767643

印刷・製本所
錦明印刷株式会社

ISBN978-4-344-03614-7 C0095
幻冬舎ホームページアドレス　https://www.gentosha.co.jp/

この本に関するご意見・ご感想をメールでお寄せいただく場合は、
comment@gentosha.co.jp まで。

GENTOSHA